10살 듬직이

살아온 기적
살아갈 희망

10살 듬직이
—

살아온 기적
살아갈 희망

오승희｜김홍용 지음

동행

프.롤.로.그.

사람이 온다는 건 실로 어마어마한 일이다.

그는 그의 과거와 현재와

그리고 그의 미래와 함께 오기 때문이다.

부서지기 쉬운

그래서 부서지기도 했을 마음이 오는 것이다.

– 정현종 '방문객' 중에서

한 아이가 낯선 엄마들에게 '부서지기도 했을 마음'으로 왔다.

그 아이를 엄마들은 '실로 어마어마한 일'로 가슴에 품었다.

그리고 10년의 세월이 흘렀다. 이 책은 그 세월에 대한 기록이자, 중증 뇌병변 장애아동 임듬직의 성장에 관한 이야기다.

듬직이는 미혼모에게서 태어났다. 현실의 벽에 무릎을 꿇을 수밖에 없었던 미혼모는 '친권포기각서'와 '입양동의서'에 서명한 후 아이 곁을 떠났다.

누군가 책임지지 못하면 누군가는 보듬어 안아야 한다.

그러나 장애를 지닌 듬직이를 위해 그 누군가는 쉽사리 나타나지 않았다. 입양 희망자들은 번번이 고개를 저었고 시설에서조차 저마다의 이유로 난색을 표했다.

어디로든 가야 하지만 어디로도 갈 수 없는 듬직이.

그 갓난아이에게 처음으로 손을 내민 곳이 아동 양육시설 삼혜원이었다.

아동 양육시설에서 장애아동을 돌보는 것은 결코 쉬운 일이 아니다. 그 힘든 선택을 했던 삼혜원 직원들이 듬직이에게 어떤 서비스를 제공했으며 어떻게 돌보았는지, 그 과정을 이 글에 담았다.

아동학대나 방임이 끊임없이 언론에 보도되고 사회문제가 되지만, 실상은 별다른 해결책 없이 계속 반복되고 있는 것이 우리의 안타까운 현실이다.

이러한 현실 속에서 아동들을 위해 묵묵히 노력하는 아동 양육시설이 많이 있다는 것을, 그리고 그곳의 엄마(사회복지사)들이 어떠한 일을 하는지 주위에 알리고 싶었다.

또한, 장애인에 대한 편견, 장애인 거주시설에 대한 오해, 정책의 소외 속에서도 그것을 뛰어넘는 엄마(사회복지사)들의 헌신과 사랑을 담으려고 노력했다.

듬직이는 현재 삼혜원을 떠나 장애인 거주시설인 동백원에서 생활하고 있다. 듬직이가 이 책의 주인공으로 선정되었지만, 이 글에 나오는 사랑과 헌신이 듬직이에게만 특별하게 해당되는 것은 아니다.

엄마라는 단어는 세상에서 가장 사랑스럽고 포근하며 존귀한 단어이다. 모든 사람들에게 엄마는 하나다. 하나이기 때문에 귀하고 죽음이 갈라놓을 때까지 서로의 끈을 놓지 못하는 것이다.

그런데 듬직이에게는 많은 엄마들이 있다. 삼혜원에서는 현정엄마와 지성엄마, 동백원에서는 영란엄마와 진희엄마가 그러하다.

책에서는 편의상 네 명의 엄마가 등장하지만 실제로는 더 많은 엄마들이 묵묵히 맡은 일을 하고 있다. 그 엄마들의 일상을 통해 우리나라 사회복지시설들이 무슨 일을 하는지, 사회복지사들은 어떠한 마음가짐으로 장애인을 보듬는지를 주위에 알리고자 한다.

우리나라에서 장애인으로 살아간다는 건 여간 힘겨운 일이 아니다. 장애아동을 키우기가 얼마나 힘이 들고 어려운지는 장애아동 부모만이 알 수 있다.

장애아동 양육을 사회문제로 인식하기보다는 개인 가정사로 돌려 장애아동 부모에게 모든 책임이 주어지는 사회 풍토에서 벗어나, 모두가 장애라는 그 무거움을 함께 나누는 그런 사회가 되기를 바란다.

이 글에서는 장애아동을 키우는 과정, 장애와 함께 살기 위해 어떻게 노력을 해야 하는지에 대해 있는 그대로 옮기려 노력했다.

이 땅에서 장애아동을 키우는 부모들에게 조금이라도 도움과 위안이 되었으면 한다.

듬직이의 꿈은 오로지 하나다.

걷는 것.

열 살이 될 때까지 듬직이는 걷기 위해 최선을 다했다.

하지만 꿈은 아직도 진행형이다.

힘들기는 하지만 포기는 없다.

듬직이도, 곁을 지키는 엄마들 역시.

다시 10년이 흐르면 듬직이는 어떤 모습일까?

하나는 분명하다.

듬직이가 홀로 살아갈 수 있을 때까지 엄마들의 노력은 멈추지 않을 것이다.

이 책이 나오기까지 듬직이 이야기를 귀담아 듣고 따뜻한 마음으로 보도를 해주신 동아일보 정승호 기자님, 멀리 여수까지 와 6개월을 넘게 촬영해 전국 방송에 내보내주신 MBC 이모현PD님, 초고를 읽고

끝까지 함께 고민하고 도움을 주신 가시고기 조창인 작가님께 감사를 드린다.

　또한 아동과 장애인의 행복을 위해 열심히 노력하는 사회복지법인 동행 직원들과 동행을 믿고 후원해주시는 후원자님들에게도 감사를 드린다.

　복지 현장에서 묵묵히 맡은 일을 하고 있는 전국의 사회복지사들에게 이 책을 바친다.

2020. 10. 사회복지법인 '동행' 대표 이사 김홍용

✿ 이해를 돕습니다

듬직이를 제외한 모든 아이들의 이름은 가명으로 처리했지만 실제 인물들입니다. 등장하는 엄마들도 모두 실제 인물들이며, 더 많은 엄마들이 함께 노력하고 있습니다.

목
차

1부 | 삼혜원 엄마들

삼혜원에는 꽃들이 산다.
향기도, 모양도, 크기도 다른 꽃들.
어느 것이 특히 곱고 예쁘다 할 것 없이 모두가 곱디 곱다.

1장. 낯선 만남

이 모든 것은 한 통의 전화로 시작되었다.

1. 돌잔치

시작은 태어남에서 비롯된다.

시작을 알리는 날 중 가장 뜻깊은 날이 돌이다.

1년을 살아왔다는 것.

1년을 버텨냈다는 것.

위대한 걸음을 걸었다는 뜻이다.

인생의 진정한 출발점.

잔치를 한다.

축복의 잔치.

돌잔치.

쿵!

옆구리를 걷어차인 느낌에 현정엄마는 슬그머니 돌아 눕는다.

걷어차인 게 아니라 머리에 들이박힌 거였다. 잠결에도 누구인지 알 만했다.

듬직이.

현정엄마는 선뜻 일어나지 못했다. 지난 밤 이런저런 일을 처리하느라, 늦게 잠들었다. 5분, 아니 1분만 더 잤으면 좋겠다.

듬직이는 도무지 봐줄 생각이 없는 모양이다. 쿵, 하고 이번에는 등을 들이받는다.

현정엄마는 고개를 돌리며 겨우 눈꺼풀을 밀어 올렸다. 듬직이가 커다란 눈으로 뚫어질 듯 바라본다.

아, 저 반짝이는 눈빛을 누가 외면할 수 있으랴.

"알았어. 알았다고, 임듬직. 엄마 일어날 거야."

현정엄마는 힘겹게 몸을 일으켰다. 듬직이가 누운 채 반쯤 구부러진 두 팔을 위로 뻗치며 몸을 흔들어댄다. 자신이 표시할 수 있는 최대치의 기쁨으로 잠이 깬 엄마를 환영한다.

"듬직아, 오늘 무슨 날인지 알아?"

듬직이가 커다란 눈을 천천히 감았다 떴다. 마치 오랫동안 오늘을 준비하고 기다렸다는 듯이.

"첫돌, 축하해."

'그리고 애썼어…….'

입속으로 말을 삼키며 현정엄마는 듬직이의 손을 맞잡는다. 운명이 이끄는 대로 1년의 시간을 힘겹게 버텨온 아이다.

창을 넘어온 아침 햇살이 듬직이의 얼굴을 감싼다. 눈이 부실 듯해 현정엄마가 손그늘을 만들어 주자 듬직이가 엄마를 보며 웃는다. 바라보고만 있어도 세상 온갖 시름을 잊게 하는 미소다. 잠시 무거웠던 현정엄마의 마음이 햇살처럼 환하게 밝아졌다.

축복의 날이었다.

맘껏 축복해주고, 세상이 아침 햇살처럼 찬연할 수 있다는 걸 보여 줘야 할 날이었다.

***

2011년 10월 29일, 토요일.

하늘은 드높고, 가을볕은 삼혜원 주위에 그윽했다.

분주히 움직이던 사람들이 한자리에 모였다.

'임듬직, 이예은의 첫돌을 축하합니다!'

사람들은 플래카드를 바라보며 주인공을 기다렸다.

가슴 속 간직한 기원은 하나였다. 반듯하게 펼쳐진 플래카드처럼 주인공의 삶도 그러하길 빌었다.

태어나는 순간부터 친엄마의 품을 떠나야 할 상황이었다. 대신 누군가 아이를 보듬어야 했다. 그 보듬은 시간들이 쌓여 첫돌이 되었다.

낳아준 엄마 대신 길러준 엄마들이 마련한 돌잔치다.

그래서 어느 하나 부족해선 안 될 기념의 자리였다.

세상의 여느 아이들 못지않게, 아니 더 넉넉히 받고 누려야 할 축복의 순간이었다.

듬직이와 예은이 첫돌 잔치.

삼혜원 가족들 외에도 오랫동안 삼혜원을 아껴주고 있는 사람들이 많이 모였다. 돌상은 여수 맘카페 회원들의 도움으로 풍성하게 차려졌다. 한복 대여소에서 돌맞이 한복도 후원받았다.

마침내 예은이가 나타났다. 지성엄마의 손을 꼭 잡고 아장아장 걸어 나와 제법 의젓하게 돌상에 앉았다.

임동직♥이예은
첫돌을 축하합니다!

듬직이는 현정엄마 품에 안긴 채 나왔다.

예은이와 달리 걷지 못하는 듬직이였다. 서 있는 것은 물론 스스로의 힘으로 앉을 수도 없었다. 돌이 되었건만 강직이 심해 뻣뻣하게 굳은 몸으로 누운 채 지냈다.

현정엄마가 듬직이를 안고 의자에 앉았다.

펑, 카메라 플래시가 터지면서 박수갈채와 환호가 이어졌다. 삼혜원의 형들과 누나들은 축하 인사말을 적은 색종이로 비행기를 접어 돌상 위로 날렸다. 한복을 곱게 차려입은 듬직이와 예은이도 기분이 좋은지 싱글벙글이었다.

듬직이는 입을 벌리고 웃는 탓에 침이 끊임없이 흘러내렸고 현정엄마는 연신 닦아줘야 했다.

돌잔치의 백미는 돌잡이가 아니던가. 예은이는 냉큼 연필을 집어 들었다.

"공부를 잘하려나 보다."

여기저기서 덕담이 쏟아졌다.

듬직이 차례. 돌상에 놓인 여러 가지 물건들을 집기 위한 듬직이의 노력이 시작되었다. 현정엄마는 허리를 굽혀 품에 안긴 듬직이가 물건을 집기 쉽도록 도왔다. 하지만 듬직이는 발갛게 상기된 얼굴로 펴지지 않은 팔을, 오므라든 두 손을 계속 허우적댔다.

"임듬직, 임듬직!"

듬직이의 움직임을 격려하는 함성이 한 호흡이 되었고 간절한 응원의 박수가 이어졌다.

마침내 듬직이 손등에 마이크가 스쳤다. 현정엄마가 마이크를 듬직이 품에 안겨 주었다.

"우리 듬직이, 커서 연예인이 되겠네."

못될 것도 없다. 아니, 당장 아역 배우로 나선대도 손색이 없을 외모였다.

뽀얀 피부, 갸름한 턱선, 반듯한 이마, 오뚝한 콧날, 긴 속눈썹, 크고 맑은 눈망울, 무엇보다 엄마들이 백만 불짜리라고 부르는 미소…….

돌잡이에 이어 기념 촬영이 있었다.

삼혜원 엄마들은 두 아이에게 의미 있는 돌 사진을 남겨주고 싶었다. 태어나 마땅히 누려야 할 기념의 순간을 선사하고 싶었다. 비록 친엄마는 아니지만 기른 엄마들이 늘 곁을 지켰다는 사실을 먼 훗날까지 기억하길 바랐다.

한복을 예쁘게 차려입은 예은이가 돌상을 배경으로 사진을 찍었다. 주위의 도움을 받긴 했어도 두 발로 선 채 거뜬하게 해냈다.

듬직이도 예은이처럼 잘할 수 있을까?

범보의자를 가져다 듬직이를 앉혔다. 하지만 자꾸 고개가 뒤로 젖혀져 금방이라도 넘어질 듯해 사진을 찍을 수 없었다. 계속 자세를 바로잡아줘 보건만 듬직이에겐 무리였다.

현정엄마는 속이 상했다. 그 마음을 아는지 모르는지, 듬직이는 여전히 생글거렸다.

'듬직이만 좋으면 되지. 사진이 뭐가 그리 중요할까?'

현정엄마는 생각을 바꾸었다. 이 순간, 이 자리에 듬직이를 축하하기 위해 모인 사람들의 한마음이 더 소중했기 때문이다.

사진에 대한 미련을 내려놓자 현정엄마는 마음이 한결 가벼워졌다. 고개를 가누지 못하는 듬직이의 모습을 초조히 지켜보던 다른 엄마들과 손님들 역시 마찬가지였으리라.

듬직이와 예은이를 안은 엄마들과 손님들 모두 함께 사진을 찍었다.

"김~~~~~~~~~~~~~치."

사진 촬영을 끝으로 돌잔치는 마무리되었다.

뒷정리를 마치고 나서 다들 한자리에 모였다. 비로소 차 한 잔 마실 여유가 생기자 오늘의 주인공들에 대한 이야기가 오갔다.

화제의 중심은 번번이 듬직이다. 발달 단계에 따라 잘 성장하고 있는 예은이에 비해 듬직이는 장애를 갖고 있다. 두 아이에 대한 엄마들의 사랑은 한결같지만 아픈 손가락에 마음이 가는 건 어쩔 수 없었다.

여느 아이라면 자연스레 맞이했을 1년이 듬직이에게는 고난의 연속이었다. 앞으로도 숱한 고비들이 기다리고 있었다. 그 고비들을 하나씩 잘 넘어서도록 주위에서는 끊임없는 수고와 사랑의 손길로 보듬어야 할 터였다.

그것은 온전히 삼혜원 엄마들의 몫이었다.

*＊＊

이 모든 것은 한 통의 전화로 시작되었다.

2011년 어느 여름날, 나주 이화영아원으로부터 전화가 왔다. 삼혜원에서 영아 두 명을 받아줄 수 있겠느냐는 문의였다. 나주에서 여수의 삼혜원까지 연락을 취해온 것으로 미뤄 분명히 다급한 사정이 있어 보였다.

미혼모가 출산해 입양을 기다리고 있는 두 아이.

임듬직, 이예은.

듬직이는 선천성 뇌성마비가 의심되었다. 예은이는 지적 장애가 있는 생모로 인해 성장하면서 장애가 나타나지 않을까 우려되는 상황이라 했다. 아무래도 일반 가정에 입양되기는 어렵다는 것이 이화영아원의 판단이었다.

이화영아원에는 신생아들이 줄줄이 대기 중인지라 언제까지 두 아이를 보호할 수 없었다. 인근의 아동시설은 장애를 가진 아이를 달가워하지 않았다. 장애인 거주시설에서도 나이가 너무 어리다는 이유로 거절했다. 어디론가 보내야 할 텐데 마땅한 곳이 없어 이러지도 저러

지도 못하는 형편이었다.

연락을 받은 후, 삼혜원에서는 두 아이들의 입소 여부를 결정하는 회의가 열렸다. 회의 분위기는 비에 젖은 옷처럼 무겁고 눅눅했다.

삼혜원의 엄마들은 선뜻 승낙할 수 없었다. 삼혜원에 있는 지금의 아이들 얼굴이 떠오른 탓이었다.

삼혜원은 아동 양육시설이다.

이른바 보육원이라 불리고, 어떤 사람들은 지금도 고아원이라고 부르기도 한다. 갑작스러운 경제위기로 가정이 해체되거나 학대나 방임에 처했을 때, 부모를 대신해 사회복지사들이 아이들을 돌보는 시설이다.

이런 사정으로 삼혜원에 있는 아이들 대부분은 마음에 얼룩진 상처를 지니고 살아간다. 그렇다고 아이들의 얼굴에 늘 그늘이 드리워 있는 건 아니다.

아이들은 아이들이다.

누군가 그러지 않았던가, 신은 저마다에게 감당할 수 있는 슬픔만 주신다고. 삼혜원의 아이들 역시 슬픔을 자신만의 방법으로 위로하며 사회복지사들을 부모처럼 여기며 살아간다.

삼혜원 사회복지사들도 아이들이 올바르게 자랄 수 있도록 최선을 다한다. 함께 뒹굴고, 웃고, 울기도 하면서 생활한다. 내가 낳은 자식은 아니지만 가슴으로 더 소중하게 껴안으며 사랑을 키워나간다.

삼혜원은 인연으로 엮여 서로의 사랑을 더욱 단단하게 만드는 커다란 가족이다. 그래서 이곳 사회복지사들은 모든 아이들에게 엄마로 불린다.

삼혜원은 한두 명의 자녀에게 집중할 수 있는 평범한 가정과 다르다. 엄마 한 명이 여덟, 아홉 명의 아이들에게 사랑과 관심을 주어야 한다.

아이들은 사랑의 손길에 목말라 있고, 엄마들은 그 사랑을 채워주기 위해 전력을 다해 움직여야 한다. 그럼에도 한순간 빈틈이 생겨 마음앓이를 하는 아이가 생기지 않을까, 늘 조바심 속에서 아이들을 살핀다.

이런 상황에서 돌이 채 되지 않은 아이, 게다가 장애가 의심되는 아이를 둘씩이나 받아들인다면 얼마나 손이 많이 갈 것인가. 또 신경 쓸 일들은 얼마나 많겠는가. 무엇보다 얼굴도 모르는 아이들로 인해 기존 아이들이 감수해야 할 희생이 마음에 걸렸다.

대부분 엄마들의 의견은 회의적이었다. 안타까운 마음이야 이루 다 말할 수 없지만 마주할 현실이 결코 만만치 않은 탓이었다.

엄마들의 의견을 묵묵히 듣고만 있던 원장이 마침내 입을 열었다.

"우리 사정을 어찌 모르겠나요. 하지만 우리마저 받아주지 않으면, 그 아이들은 이제 어떡하죠? 어디로 가야 할까요……."

누구도 대답하지 못했다. 긴 침묵이 이어지다 회의가 끝났다.

아이들의 입소 여부는 원장이나 국장의 판단만으로 결정되지 않는다. 아이들을 돌보는 건 결국 생활관 엄마들이었다. 무엇보다 엄마들의 의견이 중요했다.

회의는 끝이 났지만, 원장의 마지막 물음은 엄마들에게 엄중한 울림으로 남았다.

삼혜원이 받아주지 않는다면, 두 아이는 대한민국에서 더 이상 갈 곳이 없었다. 두 아이의 처지를 차마 외면할 수 없기에, 삼혜원의 현실을 무릅쓰고 엄마들은 하나로 뜻을 모았다.

"좋아요. 해보자고요. 우리가 아니면 누가 하겠어요."

＊＊＊

결정을 내린 이상 머뭇거릴 이유가 없었다.

삼혜원에 두 아이가 온다는 것은 그저 두 사람이 늘어난다는 의미가 아니었다. 새로운 인연이 시작되는 것이므로 생활관 엄마들은 새로이 각오를 다졌다. 한편 아이들이 편히 성장할 최적의 환경을 만들어줘야 했다.

그 무렵 삼혜원에는 어린아이들부터 대학생까지 60명이 생활하고 있었다.

생활관의 구조는 일반적인 아파트와 유사하다. 방 4개에 화장실이 3개, 거실과 부엌으로 이루어져 있다. 이러한 집이 6채 있고 각각 두 명의 엄마들이 24시간씩 맞교대로 근무를 했다. 지금은 인원이 늘어 근무 상황이 조금 나아졌지만, 당시만 해도 상당히 힘겨운 형편이었다. 결국 한 명의 엄마가 24시간 동안 10여 명의 아이들을 돌봐야 했다. 게다가 이미 세 명의 유아들이 있었다.

이러한 열악한 상황에서 두 명의 유아를 더 받아들이기로 한 결정은 결코 쉽지 않아 고민을 거듭할 수밖에 없었다.

또 다른 고민은 방 배정 문제였다.

유치원이나 초등학생들은 일상생활 뒷바라지와 학습 지도 등을 병행해야 하기 때문에 육체적으로 힘이 들었다. 중, 고등학생들은 사춘기에 겪는 갈등이나 진로 상담, 품행 지도까지 하다 보면 정신적으로 힘겨웠다. 청소, 빨래, 설거지 등 기본적인 일들은 매일 산더미처럼 쌓이고 업무일지 작성과 행정적인 업무 처리도 만만치 않았다.

생활방이 바뀌는 것은 아이들로선 익숙했던 질서에 대한 변화였다. 따라서 엄마들은 아이들과 의견을 조율해 방을 배정했다.

문제는 갑자기 유아들이 늘어나면서 생겼다. 유아들은 24시간 돌봐야 해서 생활방 배정하는 일에 고려할 점이 많았다.

엄마들은 아이들의 의견을 들으며 회의를 거듭했다. 직접 생활하는 쪽은 아이들이므로 당연히 반영해야 할 의견이었다.

결국 생활방 202호를 영유아들을 위한 방으로 만들기로 했다. 성기문, 이민지, 김은서, 유치원에 다니는 이준식과 최승하, 그리고 새로 들어올 임듬직, 이예은이 함께해 7명의 아이들로 정해졌다.

다른 방들은 두 명의 엄마가 24시간 맞교대로 근무했다. 하지만 영유아들을 돌보는 방은 네 명의 엄마들이 두 명씩 교대하기로 했다. 특히 듬직이와 예은이의 경우는 일일이 살펴줘야 할 일들이 많을 것이었다.

영유아방이 202호로 정해지자 여기저기 손 볼 일이 많아졌다.

가구 모서리 부분에 보호대를 덧대고 넘어지기 쉬운 물건들은 들어냈다. 아이들을 위태롭게 할 만한 것들을 치우거나 조정했다. 쾌적한 환경을 위한 물품들도 필요해 공기청정기, 가습기, 제습기를 새로 구입했다. 유아용 옷가지에서 분유와 젖병은 물론 그림책과 동요, 클래식 CD 등을 마련했다. 엄마들은 육아 관련 서적을 새로이 펼쳐놓고 양육 공부를 했다.

그렇게 듬직이와 예은이를 맞이할 준비를 마쳤다.

2011년 8월 18일.

한여름의 뙤약볕이 이글거리는 날이었다. 아이들을 데리러 현정엄마와 김미애 과장, 민덕희 사무국장이 함께 나주 이화영화원으로 향했다.

현정엄마는 줄줄이 늘어선 침대 끝에 있는 듬직이를 처음 만났다. 하얀 피부에 날렵한 턱선, 오뚝한 콧날에 큰 눈망울. 처음 본 순간 아이에게서 눈을 떼기가 힘들었다.

아직 작고 여린 듬직이를 조심스레 안아 올리자 통나무처럼 딱딱한 아이의 등이 그대로 느껴졌다. 온몸이 굳어 있었다.

나주에서 여수까지 오는 내내 두 아이들은 엄마들의 품에 안겨 있었다. 듬직이 역시 두 팔과 다리를 웅크린 채 자지도 않고 울지도 않으면서 두 시간을 버텼다.

삼혜원에 도착하니 직원들과 아이들이 마중을 나와 있었다. 차에서 내린 듬직이는 그 큰 눈으로 경계하듯 한참을 두리번거리다 삼혜원 가족들을 소개하자 갑자기 울음을 터뜨렸다.

정말 꺼이꺼이 울었다. 그간의 서러움이 뚝뚝 묻어나는 듯한 울음이었다.

임듬직(생후 10개월), 이예은(생후 11개월).

아직 돌도 되지 않은 아이들이 먼 길을 달려 여수 삼혜원으로 왔다. 생각을 조금만 달리했으면 영원히 어긋날 뻔한 만남이었다.

꽃처럼 예쁜 아이들이었다. 각기 다른 색과 향기를 지니고 삼혜원에서 활짝 피어나야 할 꽃이다.

2. 처음부터 다시

열심히 준비했건만 첫날부터 예상하지 못한 일이 생겼다.

현정엄마와 지성엄마가 듬직이에게 옷을 입히고 있었다. 다른 아이들은 다 수월하게 목욕을 마쳤다. 듬직이 차례에서 애를 먹는 중이었다. 어찌어찌 옷을 벗기고 목욕까지는 끝냈건만 막상 옷을 입히려니 여간 까다로운 게 아니었다.

"어, 팔이 안 펴지네."

"그쪽에서 팔을 잡아당겨 봐요."

"세상에, 이 조그마한 팔을 어떻게 잡아당겨요."

"옷은 입혀야 할 거 아니에요. 다시 한번 팔 좀 펴 봐요."

"힘을 주다가 부러지기라도 하면 어떡해요?"

듬직이는 계속해서 울어댔다. 두 엄마는 듬직이를 가운데 놓고 어쩔 줄 몰라 허둥댔다. 우선 듬직이를 달래야 했다.

듬직이는 강직이 심한 장애를 갖고 있어 안으면 통나무처럼 딱딱하게 굳어진 등의 감촉이 고스란히 전해져왔다. 특히 양쪽 팔이 전혀 펴지지 않았다. 팔꿈치는 굽힌 채 옆구리에 바짝 붙어 있었고 게다가 목을 제대로 가누지 못해 자꾸만 뒤로 넘어갔다.

듬직이와 예은이가 오기 전에 미리 개월 수에 맞게 옷을 여러 벌 구입했다. 하지만 듬직이는 그 옷을 입을 수가 없었다. 듬직이의 체형은 또래에 비해 유난히 작아 엄마들은 고심해서 고른 옷들을 모조리 리폼해야만 했다.

단지 옷에 한정된 문제가 아니었다. 기저귀도 작은 사이즈로 바꿔야만 했다. 젖병을 빠는 힘이 약해 훨씬 부드러운 젖꼭지로 다시 마련해야 했다.

장애아동을 돌본다는 것은 생각하고 준비한 이상으로 힘든 일이었다. 특히 듬직이는 짐작했던 것보다 훨씬 강직 상태가 심했다.

엄마들은 비장애 아이들에게 맞춰져 있는 육아책과 정보들을 모두 버렸다.

처음부터 다시 시작이었다.

＊＊＊

허약 체질인지, 환경 변화 때문인지 듬직이는 유독 잔병치레가 많았다. 그런 만큼 소아과, 이비인후과 등 병원을 방문하는 일도 잦았다.

삼혜원에 온 지 얼마 되지 않은 9월 어느 날, 그날따라 듬직이의 상태가 유난히 좋지 않았다. 하루에 두 번씩 먹던 이유식도 거부한 채 온종일 칭얼댔다.

소아과에서는 감기 초기 증상이라고 했다.

약을 먹고 조금 나은 듯하더니 잠시뿐이었다. 다른 아이들이 잠든 늦은 시각까지 듬직이만 홀로 깨어 계속 칭얼거리며 가랑가랑 앓는 소리를 냈다.

품에 안고 얼러봐도 소용이 없고 분유가 담긴 젖병을 입에 물려줘도 이내 밀어냈다. 종일 제대로 먹지 못해 멀건 액체만 토했다.

잠들지 못하고 힘들어하는 듬직이 때문에 다른 아이들도 하나둘 깨어나 분위기가 어수선해졌다. 다른 아이들은 지성엄마가 다독이고, 현정엄마는 듬직이를 안고 거실로 나와야 했다.

체온을 재보니 39.3도. 듬직이는 벌겋게 상기된 얼굴로 눈물을 뚝뚝 흘리며 울어댔다.

'얼마나 아프면 저럴까.'

듬직이를 바라보는 현정엄마의 속은 타들어갔다.

해열제를 먹이고 물수건으로 듬직이 몸을 닦아주었다. 팔이나 발의 오목한 부분을 물수건으로 닦아주면 열을 내리는 데 효과가 있지만 듬직이에게는 도움이 되지 않았다. 팔을 펴기도 힘들었고, 겨우겨우 펴서 물수건으로 닦아줘도 바로 오므라들었다.

시간이 지날수록 듬직이의 울음소리는 점점 커졌다. 처음에는 얼굴만 열이 나더니 점차 온몸이 벌겋게 달아올랐다. 몸이 아플수록 힘이 들어가면서 팔다리의 강직도 점점 더 심해졌다.

다른 아이들 곁에서 잠을 청하던 지성엄마도 결국 거실로 나와 현정엄마와 교대로 듬직이를 달랬다.

아파 울어대는 듬직이에게 무엇을 해줄 수 있을까. 품에 안은 채 어서 낫기를 바라는 것 외에는 달리 방법이 없었다. 고작 30분 간격으로 체온을 재는 것 밖에는…….

그랬다. 듬직이는 몸이 아파 울었고, 엄마들은 마음이 저려 속울음을 삼켜야 했다.

창밖으로 희뿜하게 새벽이 열리고 있었다.

울다가 지친 듬직이가 잠이 들었다. 벌겋게 달아오르던 몸도, 뜨끈하던 이마의 열기도 조금씩 식어갔다. 다시 체온을 재니 37.8도로 떨어져 있었다.

고열이 사라진 걸 확인한 순간 엄마들의 긴장도 풀렸다. 온밤을 꼬박 새운 두 엄마는 듬직이를 안은 채 그대로 쓰러져 잠이 들었다.

***

엄마들은 늘 마음 졸이며 듬직이를 바라봐야 했다.

장애 때문인지 또래 아이들에 비해 유난히 발육이 늦었다. 먼저 듬직이의 상태를 정확히 알아야 했다.

삼혜원은 사회복지법인 동행에 속해 있다. 장애인 거주시설인 동백원도 같은 법인이다. 동백원에 근무하는 물리 치료사에게 조언을 구했다. 뇌병변 장애아동에 대한 경험이 많은 치료사였다.

"중증 뇌병변으로 보이네요."

치료사의 말에 삼혜원 엄마들은 아무런 말도 못한 채 듬직이만 바라보았다. 예상했지만 전문가의 중증 뇌병변이라는 말이 엄마들의 가슴 깊이 파고들었다.

긴 침묵이 이어진 후 치료사가 다시 입을 열었다.

"지금이 치료해야 할 아주 중요한 시기입니다."

"어떻게 해야 하나요?"

"먼저 정밀 검사를 받는 게 순서겠죠. 순천 성가롤로병원에 가보는 것이 좋겠어요."

"이 어린아이를 데리고 순천까지……."

엄마들은 깊은 한숨을 내쉬었다. 엄마들의 속내를 아는지 모르는지, 듬직이는 그 큰 눈망울로 미소를 짓고 있었다.

아이를 돌본다는 의미는 무엇인가. 오늘의 모습 그대로 지켜준다는 것이 아니다. 더 나은 내일을 위해 앞으로 나아갈 수 있도록 지지하고 도와야 한다.

삼혜원 아이들의 건강을 책임지는 오승희 간호사가 듬직이와 같이 순천 성가롤로병원을 찾았다.

접수 후 한참을 기다려서야 겨우 듬직이 차례가 왔다.

무슨 검사가 그리도 많은지, 이리저리 검사실을 옮겨 다녀야 했다. 잘 참아내던 듬직이가 MRI 검사를 받을 즈음에는 울며 몸을 뒤흔들었다. 안정제를 맞은 뒤에야 겨우 검사를 마치고 회복실로 옮길 수 있었다.

승희간호사는 잠들어 있는 듬직이의 손을 잡았다. 마치 작은 새와 악수하는 듯 가녀린 손의 감촉에 가슴이 저렸다.

아침 일찍 삼혜원을 나섰는데 어느덧 창밖으로는 긴긴 하루해가 저물고 있었다.

"임듬직. 강직성 뇌성마비, 중증 뇌병변입니다."

"아, 네……."

"듬직이 같이 강직이 심한 뇌성마비 아이들은 조기 치료를 통해 강직이 심해지는 것을 지연시켜줘야 합니다."

"치료라 하면 어떻게, 얼마나 받아야 할까요?"

질문하는 승희간호사의 목소리에 힘이 없었다.

"매일 꾸준한 치료가 필요한 아이인데 치료 스케줄은 간호사와 이야기를 해보시죠."

담당의사의 소견을 듣고 간호사실로 향했다.

간호사는 주 3회의 치료 스케줄을 잡아주겠다고 했다.

"매일 치료를 받아야 한다던데요……."

"여수, 순천, 광양 지역에 아동 전문재활병원이 없는 탓에 대기 아동이 많아요. 한 아이 당 치료를 일주일에 최대 세 번으로 제한하고 있으니 보호자분들도 서로서로 조금씩 양보를 해주셔야 해요. 날짜가 확정되면 다시 안내 전화 드릴게요."

삼혜원으로 돌아온 승희간호사는 듬직이의 상태에 대해 전했다.

원장과 국장, 직원들이 모여 회의를 했다. 삼혜원의 현실을 고려할 때 듬직이의 치료는 간단히 결정할 문제가 아니었다.

왕복 80킬로미터, 치료받는 시간까지 포함하면 족히 세 시간 이상이 걸릴 것이었다. 60여 명이 생활하는 아동 양육시설에서 한 아이에게 직원 한 명이 전적으로 매달려 그렇게 많은 시간을 들인다는 것이 쉽지 않았다. 그 빈자리만큼 다른 아이를 돌보는 일에 어려움을 겪어야 할 터였다. 치료비와 그밖에 부수적으로 들어갈 경비 역시 해결해야 할 걱정거리였다.

그러나 동백원의 뇌병변 장애인을 많이 봐왔던 원장과 국장, 직원들은 조기 치료의 중요성을 잘 알고 있었다. 실제로 조기 치료의 기회를 놓쳐 평생 심각한 장애를 안고 살아가는 안타까운 경우가 동백원에는 많았다.

고심 끝에 월, 수, 금요일에 순천 성가롤로병원에서 치료를 받는 것으로 의견을 모았다.

***

일주일에 세 차례. 결정은 했지만 결코 만만하지 않은 일이었다.

우선 듬직이를 차에 앉히는 것부터 어려웠다. 팔꿈치가 펴지지 않고 두 다리 역시 바짝 당겨진 채로 굳어 있어 카시트에 앉히자마자 균형을 잃고 쓰러졌다. 듬직이의 체구가 너무 작은 탓도 있었다. 여기저기 담요를 받쳐대면서 카시트의 안전벨트를 조여야 했다.

출발 전부터 안간힘을 쓰며 진땀을 흘리는 승희간호사를, 듬직이는 아랑곳하지 않고 좋다는 표시로 온몸을 움직이며 소리를 질렀다.

삼혜원을 떠나자 듬직이는 마치 세상 풍경을 맘껏 즐기려는 양 창밖에서 시선을 떼지 않았다. 그런 듬직이를 위해 승희간호사는 뽀로로 노래의 볼륨을 높였다.

장차 듬직이가 마주할 세상의 넓이는 얼마나 될까. 지금 상태 그대로라면 평생을 한정된 공간에서 지내야 하리라. 일주일에 세 차례,

힘겨운 여정이지만 결정하길 잘했다는 생각에 승희간호사는 마음이 가벼워졌다.

한 시간 남짓 걸려 순천 성가롤로병원에 도착했다. 듬직이를 뒷자리에서 내리는 동안 승희간호사의 온몸이 땀으로 흥건히 젖었다. 듬직이는 다른 이유로 땀에 젖어 있었다. 카시트의 안전벨트에 고정된 자세로 움직이지 않은 시간이 길었던 탓이었다. 수건으로 닦아내고 어느 정도 땀이 마른 다음 치료실로 향했다.

치료실에 들어서는 순간 듬직이의 태도가 변했다. 그 큰 눈을 더 크게 뜨고 경계의 눈초리로 치료사를 바라봤다.

"임듬직. 오늘부터 치료 잘해봅시다."

치료사의 말에 듬직이는 곧바로 울음을 터뜨렸다. 치료를 마칠 때까지 겁에 질린 얼굴로 울음을 그치지 않았다.

기고 서고 걷는, 여느 아이라면 자라면서 쉽고 당연하게 익숙해지는 것들이 듬직이에게는 고난의 연속이었다. 매 순간 투쟁하듯 익혀야 할 과정이었다.

울음은 듬직이가 드러낼 수 있는 유일한 감정의 표시였다. 다른 아이처럼 크게 몸부림을 칠 수도, 소리쳐 고통을 호소할 수도 없었다.

커다란 눈에서 뚝뚝 떨어지는 눈물을, 승희간호사는 똑바로 바라보지 못했다. 안타깝고, 미안했다. 자신의 잘못으로 벌어진 일인 듯 죄책감마저 밀려왔다.

그러나 맥없이 주저앉을 수 없었다. 반드시 헤쳐나가야 할 고난의
과정이기에 승희간호사부터 강해져야 했다. 전력을 다해 듬직이의 치
료를 돕고 응원해야 마땅했다.

"괜찮아. 조금만 참아. 힘을 내. 우리 듬직이, 참 대단하다."

치료는 굳어있는 팔과 다리를 풀어주는 스트레칭으로 시작되었다.

듬직이는 강직형 뇌병변 장애 특성상 평소에도 침을 많이 흘렸다.
울면서 힘을 주니 침이 마치 폭포수처럼 쏟아졌다. 듬직이는 물론 치
료사까지 온통 침 범벅이 되었다.

승희간호사는 곁에서 듬직이와 치료사에게 묻은 침을 부지런히 닦아주었다. 넉넉하리라 예상하고 준비한 침수건 열 장이 부족했다.

치료사는 팔과 옷에 묻은 침을 대수롭지 않게 여기며 승희간호사에게 말했다.

"제가 하는 것이 소아 보바스 치료 방법입니다. 잘 보시고 집에 가서 시간 날 때마다 해줘야 합니다. 뇌병변 장애는 시기가 중요합니다. 돌 전의 어린 나이에 치료를 해주지 않으면 뼈와 근육이 고착화가 됩니다. 이 상태 그대로 두면 듬직이는 결국 스스로 아무것도 할 수 없게 되죠."

승희간호사는 입술을 사려 물었다. 한 동작도 놓치지 않기 위해 두 눈을 부릅뜨고 지켜봤다. 치료 방법을 열심히 익혀 삼혜원의 엄마들에게 설명하기 위해서였다.

마침내 치료가 끝이 났다. 30분이라는 시간이 이렇게 길게 느껴진 적은 없었다. 다시 품에 안은 듬직이는 온통 땀과 침으로 범벅이 되어 있었다. 치료실 한쪽에서 땀과 침에 젖은 옷을 갈아입히며 승희간호사는 머릿속이 복잡했다.

'일주일에 세 번, 매일, 매 순간, 거기에 쉴 새 없이 쏟아지는 듬직이의 침까지 어떻게?'

제대로 감당할 수 있을지 의문이었다. 솔직히 걱정이 앞섰다.

듬직이를 차에 태우고 삼혜원으로 향하는 승희간호사는 무거운 마음으로 백미러를 보았다. 뒷자리의 듬직이가 눈에 들어왔다. 치료 과정이 힘들고 고단했던지 바로 잠들어 있었다.

울컥, 승희간호사는 가슴을 밀고 올라오는 감정에 휩싸였다. 슬픔도 힘겨움도 아닌, 설렘에 가까운 울림이었다.

삼혜원의 식구가 되기 전, 승희간호사는 서울의 대학병원 수술실에서 4년을 보낸 임상 간호사였다. 잦은 수술로 아예 귀가하지 못한 채 병원에서 생활하는 시간이 많았다. 어느 날 오랜만에 병원을 벗어나는 순간 화들짝 놀랐다. 거리의 사람들은 모두 화사한 봄 옷차림이었는데, 본인만 두꺼운 겨울 파카를 입고 있었기 때문이다.

'과연 이런 삶을 원했던 것일까?'

승희간호사는 사직을 하고 여수로 내려왔다. 여유를 갖고 스스로를 돌아보고자 했다. 주어진 삶을 우격다짐으로 살 것이 아니라 자신이 원하는 바를 찾고 싶었다.

얼마 후 삼혜원을 소개받았다. 가벼운 마음이었고, 잠시 머물 작정이었다. 오래지 않아 자신의 생각이 틀렸다는 것을 인정했다.

아이들을 사랑하는 것이 얼마나 귀한지, 아이들로부터 사랑받는다는 느낌이 어떠한지를 실감했다. 지시와 명령만 존재하던 병원 수술실과는 전혀 다른 분위기가 마음에 들었다.

삼혜원에도 직분과 직위가 있다. 그러나 문제가 발생하면 모두 함께 머리를 모으고 해결책을 궁리했다. 병원에서는 맛볼 수 없던 사랑과 기쁨과 감격이 삼혜원에 있었다. 조건과 형편을 따질 이유가 없었다. 자신이 진정 원하는 바를 찾았고, 정식 직원이 되었다.

승희간호사는 다시금 백미러를 통해 듬직이를 확인했다.

여전히 쿨쿨, 잠들어 있었다. 좋은 꿈이라도 꾸는 걸까, 얼굴에 잔잔한 미소가 피어올랐다.

"그래, 듬직아. 우리 최선을 다하자. 멀고 아득할지라도 서두르지 말고, 조금씩 앞으로 나아가자."

승희간호사는 나지막하게 속삭였다.

그렇게 듬직이의 끝없는 재활 치료의 긴 여정이 시작되었다.

3. 누워서 기기

돌잔치가 지나고 202호 아이들은 하루가 다르게 컸다.

예은이는 기는 과정에서 네 발로 기지 못하고 배밀이로만 기어 다녔다. 그런 예은이가 어느 순간 잡고 서기를 하더니 한 발, 한 발 내딛었다. 예은이가 처음으로 걸은 날에는 엄마들이 박수와 환호로 축하했다.

아이의 변화와 성장은 엄마들에게 크나큰 기쁨이었다. 그간의 수고를 말끔히 씻겨내주는 즐거움이었다.

그렇게 하나둘 아이들은 걸었고, 뛰었고, 노래가 나오면 노래에 맞춰 춤을 췄다. 넓은 거실에서 승용 완구를 타고 씽씽 다니기도 했다. 듬직이와 함께 누워서 우유를 먹던 아이들이었다. 그러나 듬직이는 여전히 누워 지냈다.

안타깝지만 듬직이의 장애를 인정할 수밖에 없었다. 그래도 듬직이가 온몸에 힘을 줘 조금씩이라도 움직이면 202호는 야단법석 난리가 났다. 힘내라고, 모두 소리 높여 응원했다.

마침내 듬직이가 기기 시작했다.

여느 아이의 발달 과정처럼 엎드린 자세로 기는 것이 아니었다. 스스로 몸을 뒤집지 못하는 탓에 누운 채 발과 등을 움직이며 앞으로 나아갔다. 배밀이가 아닌 등밀이라고나 할까. 어쨌든 기는 건 틀림없었다.

남들의 눈에는 대수롭지 않을지 몰라도 엄마들에는 가볍게 여길 수 없는 변화였다. 기적과도 같은 성장이었고, 그간 재활 치료와 엄마들의 노력이 빚어낸 성과였다.

시간이 지날수록 그 속도가 빨라졌다. 눈여겨봐야 겨우 확인할 수 있는 작은 변화이긴 했어도 듬직이는 분명 조금씩 앞으로 나아가고 있었다.

듬직이는 천장을 바라보며 기었다. 그러다 멈춰 옆으로 슬쩍 몸을 돌려 머리를 쳐들었다. 자신이 가야 할 곳을 정한 다음 다시 전진했다.

쿵!

듬직이가 과속을 한 모양이었다. 속도를 못 이겨 문틀에 찧거나 방향이 틀어져 가구나 냉장고를 들이박는 소리였다. 듬직이는 힘겹게 몸을 옆으로 해 고개를 젖혀 목표를 재확인한 후 몸의 방향을 틀어가면서 나아갔다.

듬직이를 지켜보는 엄마들은 애가 탔으나 섣불리 도우러 나서지 않앉다. 듬직이의 머리가 자주 부딪치는 곳에 스펀지를 덧댈 뿐이었다.

몸을 움직이는 것 자체가 듬직이에겐 훈련이고 내일을 위한 과제였다.

인내심을 갖고 기다리며 지켜보는 것이 엄마들의 몫이었다.

듬직이는 원하는 목적지까지 단번에 가진 못했다. 그러나 절대로 포기는 없었다. 마음먹으면 반드시 해내려는 의지가 있었다.

그런 듬직이가 엄마들은 기특하고 사랑스러웠다. 땀을 뻘뻘 흘리며 등밀이를 하는 듬직이를 응원하며 새로이 마음을 다잡곤 했다. 듬직이의 재활을 포기하지 않겠다는 각오였다.

듬직이는 자신에게 가장 편리한 방법으로, 거실을 머리부터 발끝까지 온몸으로 닦으며 돌아다녔다.

누워서라도 돌아다니려는 듬직이의 동기부여는 아이들이었다. 혼자 누워 있기보다는 아이들과 어울리기를 좋아하는 듬직이였다.

은서가 공을 가지고 놀 때면 고개를 흔들며 눈으로 함께 놀았다. 예은이와 은서가 싸울 때면 잘 펴지지도 않는 두 손을 휘휘 내저으며 싸움을 말리곤 했다. 아이들이 시야에서 사라지면 누운 채 온몸에 힘을 주어 쫓아다녔다. 아이들이 노래에 맞춰 춤을 출 때는 엉덩이를 들썩거리고 팔을 위아래로 흔들며 같이 어울렸다.

등밀이를 할 때 듬직이는 엄청나게 많은 침을 흘렸다. 안방과 거실을 한 바퀴 돌고 나면, 엄마들은 침으로 흠씬 젖은 옷을 갈아입히고 흥건한 바닥을 닦아내야 했다.

그래도 엄마들은 마냥 흐뭇했다. 듬직이가 누워서라도 돌아다니며 아이들과 어울리는 모습이 그저 고맙고 사랑스러웠다.

훗날 엄마들은 농담처럼 이야기하곤 했다. 듬직이의 뒤통수가 납작한 이유는 삼혜원 곳곳을 머리로 열심히 청소했기 때문이라고.

***

밤새 아이들은 어둠 속에서 엄마를 찾아 이리저리 뒹굴뒹굴 굴러다닌다.

엄마의 팔을 계속 매만지면서 자는 아이, 엄마의 얼굴이 자기 쪽으로 향하도록 아예 엄마 얼굴을 붙잡고 자는 아이, 엄마와 어떤 식으로든 연결이 되겠다는 듯 엄마의 다리를 베고 자는 아이……

아침이 되면 다가오는 아이들에게 온몸을 내어주다 보니 잠을 설친 엄마들의 얼굴이 반쪽이다. 아이들은 엄마 옆자리를 차지하기 위해 밤새 치열한 다툼을 하면서도 세상 예쁘게 잠들어 있다.

엄마가 눈을 뜨면 듬직이는 당장 반가움을 표시한다. "아~" 소리를 내며, 방긋이 웃으며 몸을 들썩거린다.

"듬직아 잘 잤어? 아이고 많이도 쌌네."

엄마는 떠지지 않는 눈으로 어두운 방에서 오직 감으로만 듬직이의 기저귀를 갈아주려 한다. 불을 켜 다른 아이들을 모두 깨게 할 수 없고, 아이들이 깨기 전 서둘러 밥을 준비해야 하기 때문이다.

"이크······."

타이밍이 안 좋았을까? 눈을 감고 기저귀를 갈아서일까? 기저귀를 빼자마자 듬직이가 오줌 총을 쏜다.

재빨리 수건을 덮어 얼굴에 튀는 것까진 막았지만 오늘도 어김없이 매트를 적시고 말았다.

"듬직이는 매일매일 새 매트에서 자고 싶은가 봐요."

기저귀와 매트를 갈고 난 현정엄마는 바로 듬직이의 스트레칭을 시작한다.

지성엄마는 밖으로 나와 유치부 아이들을 깨운다.

아직도 사랑을 받아야 할 유치부 준식이와 승하. 더 어린 동생들에게 엄마를 내어주고 서로 의지하며 자는 모습을 보니 안쓰러우면서도 한편 대견스럽다.

"준식아, 승하야. 일어나야지. 유치원 가자."

지성엄마가 유치부 아이들을 깨우고 현정엄마가 듬직이의 스트레칭을 마칠 즈음 다른 아이들도 모두 일어난다.

현정엄마는 주방으로 가서 음식을 잘 씹지 못하고 아직 분유를 끊지 못한 듬직이를 위해 젖병에 분유를 준비한다. 다른 아이들 식사로는 간이 안 된 국에 자작자작 밥을 말고, 유치부 아이들에게는 식단에 맞게 마련한 식판을 내민다.

"쌤, 쌤, 쌤! 은서 좀 잡아주세요~."

애타는 지성엄마의 목소리에 식사 준비를 하던 현정엄마가 방으로 뛰어간다. 지성엄마가 땀을 닦으며 아이들 기저귀를 갈고 있는 사이 은서는 듬직이의 분유를 빨고 있다. 젖병을 뺏긴 듬직이는 달리 방법이 없어 그저 울고만 있다.

돌이 지나 은서와 예은이는 분유를 끊었다. 그래도 분유가 맛있는지 호시탐탐 듬직이의 분유를 노리곤 했다.

다시 분유를 타며 절로 한숨을 내쉬는 현정엄마를 달래주는 건 지성엄마의 몫이다. 한 명이 소진되면 다른 한 명이 채워주면서 긍정의 에너지가 고갈되지 않도록 서로를 북돋운다. 그들은 한 방이 잘 굴러갈 수 있게 하는 진정한 파트너다.

기저귀 타임이 끝나면 다음은 식사 시간이다.

현정엄마는 손으로는 듬직이의 분유를 먹이며 눈과 입으로는 유치부 아이들이 골고루 먹을 수 있도록 지도한다. 유난히 작고 마른 준식에게는 음식을 골고루 먹을 수 있도록 잔소리를 해야 한다.

지성엄마는 서로서로 앞다투어 입을 벌리는 아이들에게 밥을 먹여주느라 양손으로 분주히 전쟁을 치르는 중이다. 조금이라도 늦게 주면 손으로 밥을 집거나 실수로 밥그릇을 엎어 식사 시간이 길어지기 때문이다.

식사를 마치고 유치부들 등원 준비를 서두른다.

양치와 세수를 하고 로션까지 듬뿍 발라주면 아이들의 얼굴이 반짝
반짝 빛이 난다. 매일매일 서랍에서 가장 좋은 옷을 꺼내 입혀서 어린
이집에 보낸다. 시설에 살기에 행여 엄마 사랑이 부족한 아이로 보이
지는 않을까 하는 노파심으로, 조금이라도 해어지거나 낡은 옷은 입
히지 않으려 노력한다.

고사리 손을 맞잡고 유치원 차에 태워 보내고 나서 지성엄마는 달
려 들어온다. 이제는 남은 다섯 아이들을 씻겨 옷을 갈아입혀야 한다.

매일 아침마다 하는 일이지만 여전히 쉽지 않다. 몸도 고되고 마음
도 분주하다. 부족한 건 없는지, 빠뜨린 건 없는지 아이들 하나하나
살펴야 한다.

다음 교대 선생님들이 출근하는 9시 전까지 모든 집안일 및 청소,
아이들 위생 관리까지 끝내야 하기 때문에 아침은 바쁘고 부산할 수
밖에 없다.

특히 단체 생활에서 빼놓을 수 없는 것이 아이들이 사용했던 물건
들을 삶는 일이다. 그릇, 숟가락, 젓가락, 젖병, 빨대컵을 삶고, 수
건과 손수건은 찜통에 넣고 따로 삶는다. 찜통이 부글부글 끓어오를
때쯤이 되면 교대하는 엄마들이 출근하는 시간이다.

처음 출근했을 때 세팅되었던 그대로 깔끔하게 집안을 만들어 놓고

교대 엄마들을 맞이한다. 네 명의 엄마들이 모여 전날 있었던 일, 당일 진행해야 할 프로그램 등을 주고받는다. 아이들 한 명 한 명 짚어가며 특이사항을 말하는 것으로 인수인계가 끝난다.

비로소 현정엄마와 지성엄마는 퇴근을 준비한다.

"엄마, 엄마, 가지마."

현정엄마와 지성엄마가 가방을 메고 나서는데 아이들이 엄마들을 붙잡는다. 매일 겪는 과정이라 익숙해질 만도 한데 엄마와 헤어지는 게 늘 서러운 모양이다. 엄마들은 엄마들대로 두고 가는 아이들이 마냥 애잔하다.

그렇게 매달리는 아이들과 실랑이를 하다 보면 9시 퇴근이 10시를 훌쩍 넘기기 일쑤다. 전날 오전 8시 30분에 출근해서 26시간이 넘게 근무하고 퇴근하는 셈이다.

이제 출근한 다른 엄마들의 근무가 시작된다.

퇴근하는 엄마들을 붙잡고 울던 아이들은 언제 그랬냐는 듯이 출근한 엄마의 품 안으로 파고든다. 출근한 엄마들도 하루 동안 떨어져 있던 아이들이 그리웠다는 표시로 꼬옥 안아준다.

아이들을 돌보는 일은 끝이 없다. 일상의 일을 하면서도 동시에 아이들을 돌봐주고 놀아주어야 한다.

퇴근조 엄마들이 해놓은 **빨래**를 탈탈 털어 베란다에서 널고 있으면 아이들이 다가와 함께 널겠다고 손을 보탠다. 고사리 같은 손으로 널어놓은 빨래를 끄집어내려 다시 널기를 반복하면 빨래 너는 시간도 놀이가 된다.

엄마가 그림책을 꺼내들자 아이들이 몰려든다. 듬직이도 열심히 기어와 한자리를 차지하고 엄마의 목소리에 귀기울인다.

"옛날 숲속에 돼지 삼형제가 살았어요. 꿀꿀~~~."

꿀꿀 소리가 재미있는지 아이들은 각자의 코를 손가락으로 쑤셔대면서 돼지 흉내를 내면서 웃는다.

동화책이 시들해질 때쯤 신나는 동요를 틀어놓으면 아직 말을 잘 못하는 아이들도 옹알옹알 따라 부르며 논다.

그 사이에 한 엄마는 오전 내내 완료기 이유식을 만드느라 분주하다. 제철 채소와 고기, 해산물 등 다양한 재료로 만드는 이유식이다. 아이들에게 간식을 먹이고 얼마 지나지 않아 점심시간이다.

따뜻한 이유식을 아이들에게 먹이면서 듬직이에게도 조금씩 먹여본다.

"듬직아. 아, 해봐. 조금이라도 먹어야지~~~~~ 아, 아!"

정성껏 떠먹여 보지만 이내 줄줄 흘려버리는 바람에 엄마들은 애가 탄다.

듬직이는 변비가 심하다. 각종 채소가 든 이유식을 조금이라도 씹어 먹었으면 하는 엄마들의 바람과 달리, 그저 분유가 좋은지 계속 젖병만 바라보며 울상을 짓는다.

점심을 먹고 나면 유치원 갔던 아이들이 돌아온다. 그나마 조용하던 집이 다시 북적대기 시작한다.

유치부 아이들을 깨끗이 씻기고 옷을 갈아입힌다. 오전에 만들어 냉장 보관해 놓은 요거트에 바나나, 딸기 등을 꺼내 간식을 챙긴다. 아이들은 배가 고픈지 허겁지겁 간식을 먹으며 오늘 유치원에서 무엇을 하며 보냈는지 재잘재잘 끝도 없이 늘어놓는다.

"엄마, 엄마 오늘은 영어를 배웠어요."

"오, 그래. 무슨 영어를 배웠는데?"

"사과가 영어로 뭔지 알아요?"

"음 사과? 사과가 영어로 뭘까?"

"사과는 영어로 예~뻐, 예~뻐."

"사과가 예쁘다고?"

"아니 사과를 영어로 예~~뻐, 엄마 따라 해봐요. 예~~뻐!"

애플을 끝까지 예~~뻐라고 하는 승하의 이야기에 맞장구 쳐가며 잘 들어주는 것도 중요한 일과다.

가방 속 알림장을 꺼내 확인하고 준비물이 있으면 사무실 담당 선생님에게 필요 물품을 구입해달라고 부탁한다. 식당으로 가 유치원 아이들을 위한 저녁 반찬과 이유식 재료를 받아온다.

저녁상을 차려 아이들과 엄마들이 함께 상에 둘러앉는다.

다섯 명의 아이들과 유치원생 두 명. 가운데 한 엄마가 앉고 다른 엄마는 듬직이를 안고 그 옆에 앉는다. 듬직이는 아직까지 안아서 분유를 먹여줘야 하기 때문이다.

평화는 감사의 기도를 할 때까지만 유지된다. 기도가 끝나기 무섭게 밥상은 전쟁터로 변한다. 아이들 모두 경쟁하듯 밥을 먹으며 쉴 새 없이 떠들어댄다. 숟가락, 젓가락으로 장난을 치고 반찬이나 국을 엎지르기도 한다. 다행히 일반 가정집처럼 밥을 먹기 싫어하거나 입이 짧은 아이들은 없다.

저녁을 먹고 치우자마자 바로 엄마들은 목욕 준비를 한다. 단체생활에서는 청결이 무엇보다 중요해 아이들은 매일 목욕을 한다.

한 엄마는 욕실 안에서 아이들을 씻긴다. 다른 엄마는 밖에서 갈아입을 옷과 로션, 넓은 수건을 펴놓고 대기한다.

유치부들은 옆에서 도와주면 제법 혼자서 머리도 감고 샤워도 하는 모습을 취한다. 샤워를 마치고 머리를 말리는 일도 완벽하진 않지만 스스로 할 정도로 대견하게 행동한다.

나머지 아이들은 큰 욕조 두 개에 물을 받아 첨벙첨벙 물놀이를 한다. 물놀이를 좋아하는 시기라 서로 더 큰 욕조에 들어가 오랫동안 물놀이 하기를 원한다.

듬직이는 혼자 앉을 수가 없어 바닥에 매트를 깔고 누워서 물장난을 치는 수준이다. 그래도 마냥 좋은지 듬직이는 펴지지 않는 팔을 휘저으며 함께 물놀이를 즐긴다.

안에 있는 엄마가 씻겨 내보내면 문밖 엄마는 아이를 받아 큰 수건으로 닦아주고 로션을 발라 옷을 입히고 드라이기로 머리를 말려준다.

아이들의 샤워가 끝날 즈음 엄마들의 옷은 온통 땀으로 젖어 버린다. 힘들어도 말쑥해진 아이들을 보면, 마치 큰일을 해낸 것처럼 성취감과 함께 입가에 미소를 짓게 된다.

샤워를 마친 아이들에게 따뜻한 우유를 먹인다. 한 엄마는 유치부 아이들의 숙제를 봐주고, 다른 엄마는 아이들을 데리고 잘 준비를 한다.

동화책을 들고 엄마가 앉으면 아이들은 서로 옆자리를 차지하기 위한 한바탕 전쟁을 치른다. 서너 권의 동화책을 읽어야 졸린 눈빛을 보인다. 그럴 때쯤 자장가를 불러주면 아이들은 천사 같은 얼굴을 하고선 곤히 잠이 든다.

학습이 끝난 유치부 아이들은 "만화 보고 싶어요"하면서 엄마들을 보챈다.

"알았어, 오늘 공부 열심히 했으니까 만화 보고 자자."

교사방에서 잠시 원하는 만화를 볼 수 있게 해준다. 거실에서 TV

를 틀면 자던 아이들이 깨서 나오기 때문에 교사방 컴퓨터로 조용히 만화를 보고 재운다.

다른 아이들은 모두 잠들고 유치부 아이들은 만화를 보며 여유를 즐길 때, 듬직이는 예외다. 한 엄마가 듬직이에게 다가간다.

"자, 듬직아. 이제 운동 시작할까요. 쭈~~~~쮸 ~~~쭈."

듬직이는 잠들기 전에 몸의 근육을 풀어줘야 편히 잘 수 있기 때문이다.

운동은 주로 경직된 팔다리를 마사지로 늘려주고 풀어주는 스트레칭이다. 듬직이에게는 피하고 싶은 힘든 시간이다. 그래도 컨디션이 좋은 날에는 잘 따라주지만 상태가 좋지 않으면 짜증을 부리고 온몸에 힘을 줘 한껏 거부 반응을 보인다.

하지만 엄마들은 듬직이의 사정을 봐주지 않았다. 아니, 봐주고 싶어도 그럴 수 없다.

힘들더라도 스트레칭은 날마다, 시간 날 때마다 해야 한다. 강직된 근육이 점점 고착되는 것을 막기 위한 조치다.

스트레칭을 마치자 듬직이는 아이들 중 마지막으로 스르르 잠이 든다.

엄마들은 하루를 마무리하는 일지를 쓴다. 아이들에게 일어났던 일들을 세세히 기록하고 내일의 계획을 세우다 보면 자정을 훌쩍 넘기기 일쑤다.

　파김치가 된 엄마들이 다 말라 산처럼 쌓아둔 빨래를 반듯이 개어 차곡차곡 정리하면 하루 일과가 끝이 난다. 비로소 아이들 옆에 살금살금 비집고 들어가 누워 잠을 청한다. 아이들이 밤새 아프지 않고 깨는 일 없이 잘 자기를 바라면서.

4. 대한민국 국민이 되다

삼혜원에는 다양한 엄마들이 존재한다.

아이들과 가장 가까이에서 24시간 아이들을 돌봐주는 사회복지사, 의료 파트를 맡은 간호사, 아이들 식사를 위한 영양사와 조리원, 그 외에도 상담 전문가, 프로그램 전문가, 후원과 자원봉사를 담당하는 사회복지사 등이 각자의 위치에서 60여 명의 아이들을 담당하고 있다.

직원들은 모두 아이들에게 각각 다른 모습의 엄마인 것이다.

승희간호사는 아이들의 의료 부분을 책임진다. 아이들을 병원에 데리고 다니는 것은 주로 승희간호사의 몫이다.

"이게 뭐죠?"

병원 접수처에서 매번 받는 질문이었다.

임듬직, 105306-310****.

일명 관리번호로, 이화영아원에서부터 사용한 듬직이의 신분 확인 번호였다.

듬직이는 주민등록번호가 없었다. 병원에 처음 갔을 때는 진료기록 전산에 듬직이에 관한 정보가 아예 뜨지 않아 애를 먹었다.

보건소와 건강보험공단을 통해 어렵게 관리번호가 전산에 등록되었다. 그러나 새로운 병원에 갈 때마다 복잡한 절차를 거쳐야 했다. 가장 큰 문제는 주민등록번호가 없어서 장애 등록 자체가 안 된다는 점이었다.

아이가 태어나면 부모는 출생 신고를 한다.

출생 신고는 새 생명의 탄생을 알리는 선언이다. 동시에 사회 속에서 하나의 인격체로 살아가기 위한 기본적인 준비 과정이다.

출생 신고가 끝나야 주민등록번호를 부여받는다. 비로소 대한민국 국민으로 인정받는 셈이다.

듬직이는 미혼모에게서 태어나 입양 기관에 맡겨졌다. 듬직이 생모는 출산과 동시에 '친권포기각서'와 '입양동의서'에 서명을 했다.

처음부터 출생 신고를 하지 않았다. 아니 할 수 없었다. 현재는 출생과 동시에 출생 신고를 하도록 법이 바뀌었지만, 당시만 해도 미뤄 둘 수 있었다.

대부분의 미혼모는 아이를 포기할 때 양부모를 만나 그들의 호적에 곧바로 등록할 수 있기를 원했다. 자신의 호적에 출산의 흔적을 남기지 않았고, 아이 역시 양부모 호적에 첫 등록을 함으로써 양부모를 친부모로 알고 자랄 수 있기 때문이다.

듬직이의 생모는 아이에게 단 하나, 이름만을 남겨주었다.

임듬직. 가벼이 흔들리지 말고 늠름하게 살기를 바라는 기원을 담았으리라. 듬직이가 정상적으로 입양이 되었다면 이마저 사라져버릴 이름이었다.

입양 대기자 중에서 듬직이는 단연 눈길을 끌었다. 듬직이의 외모를 담은 사진으로만 그랬다. 실제 상담에 들어가면 한결같이 고개를 흔들었다.

결국 듬직이는 입양이 되지 않았고 대신 듬직이라는 이름은 지켰다.

듬직이에게 주민등록번호가 필요하다는 것에 모두가 동의했다. 하지만 출생 신고가 되지 않은 듬직이를 어떻게 해야 주민등록번호를 받게 할 수 있는지 아무도 몰랐다.

듬직이에게 주민등록번호를 만들어 주는 일은 삼혜원의 생활복지과 김미애 과장이 맡았다. 먼저 정보를 얻으려 여기저기 수소문을 했다. 전라남도에 위치한 다른 기관에도 출생 신고가 되지 않은 아이들이 있다는 이야기를 듣고 전화를 걸었다.

"저희도 여기저기에 전화해 봤는데 다들 잘 모르더라고요."

"절차가 복잡해서 미루고 있어요. 초등학교 입학하기 직전에 쉽게 할 수 있는 방법이 있다고 해서 그때 하려고요."

원하는 대답을 들을 수 있는 곳은 한 군데도 없었다.

어렵게 대한법률구조공단에 가족관계 미등록자 무료 법률구조지원 도움을 요청해서 '성·본 창설 접수'에 필요한 서류를 안내받았다.

성과 본을 창설하기 위해 먼저 해야 할 일은 가족으로 등록된 사람이 없다는 사실을 증명하는 것이었다. 시청에 방문하여 담당 공무원에게 상황을 설명했지만 역시 쉽지 않았다. 엄연히 친엄마가 있고 연락도 가능한 상황인데 왜 시설에서 가족관계등록을 하려는 것인지, 납득하기 어려운 모양이었다. 무엇보다 이런 민원이 거의 없는 터라 공무원들도 어떠한 절차를 밟아야 하는지 모르는 듯했다.

담당 공무원과 입씨름을 해가며 겨우 '가족관계등록부 부존재증명 신청서'를 작성 제출한 뒤에야 증명서가 발급됐다.

다음 과정은 법원이었다. '무적자의 성과 본의 창설 허가 신청서'를 작성하고 '가족관계등록부 부존재증명서', '인우보증서'를 비롯한 여러 서류를 첨부하여 2012년 2월 9일 법원에 제출했다.

그리고 7월 5일, 6개월이 지나 법원으로부터 성본 창설에 관한 결정문을 받았다.

'사건 본인의 성을 임(林)으로, 본을 나주(羅州)로 창설할 것을 허가한다.'

이렇게 듬직이는 대한민국의 국민이 되었다.

다음 절차를 위해 다시 시청을 방문해 '가족관계등록 창설신고서'

를 제출했다. 며칠 뒤 여수시 충무동 주민센터에 주민등록신고서를 제출하는 것으로 마무리 지었다. 그제야 주민등록등본을 받을 수 있었다.

김미애 과장은 등본을 받고 한달음에 듬직이에게로 갔다. 마침 거실에 누워 있던 듬직이가 환한 웃음으로 반겨주었다.

"듬직아, 이제 진짜 대한민국 국민이 됐어!"

듬직이는 알 듯 모를 듯한 미소만 짓고 있었다.

듬직이 곁에 있던 엄마들은 마치 주민등록등본을 처음 손에 쥐어본 사람처럼 한참을 들여다보았다. 등본에 담긴 의미에 감격하면서도 그간의 수고에 절로 한숨이 나왔다.

이 한 장을 받기 위해 무려 6개월이 걸렸다.

모두에게 너무나 쉽고도 당연한 일이었다. 하지만 왜 이 아이는 유독 이렇게 힘이 드는 걸까.

＊＊＊

그 무렵 아이들의 방에는 여수맘카페의 후원으로 많은 장난감과 놀이기구들이 들어왔다.

거실은 마치 키즈카페를 연상케 했다. 중앙에 미끄럼틀이 자리를 잡았고 그 옆으로 승용완구들도 정렬을 했다.

아이들은 날마다 미끄럼틀과 승용완구를 타면서 집이 떠나갈 듯이 놀았다. 층간 소음 걱정이 없는 삼혜원은 아이들이 뛰어 놀기에 더없이 좋은 곳이었다.

"미끄럼틀을 탈 때는 천천히~~~."

"계단으로 올라가야지~~~~~~."

"거꾸로 내려오면 안 돼~~~~~~."

지성엄마의 잔소리를 듣는 둥 마는 둥 아이들은 순서도 없이 거꾸로 올라가고 속도를 내서 내려오는 등 다양한 기교를 선보이며 미끄럼틀을 탔다. 한켠에서는 승용완구를 타면서 힘껏 속도를 내어 미끄럼틀을 받기도 했다. 놀이기구 사이사이로 아이들이 돌아다니며 노는 모습은 난장판이 따로 없었다.

그렇게 활기차게 노는 아이들을, 듬직이는 한쪽에서 바라보았다. 그렇다고 놀이에서 소외된 것은 아니었다. 듬직이는 나름의 방식으로, 온몸을 이용해 아이들의 놀이에 맞춰 즐기고 있었다.

그럴 때쯤 대문 밖에서 듬직이를 부르는 쩌렁쩌렁한 목소리가 들려왔다.

"듬직아, 홍의아빠다."

홍의아빠 등장에 듬직이가 환한 미소를 지으며 연신 몸을 흔들었다.

듬직이가 사는 생활관 아랫집, 중고등부를 담당하고 있는 102호 홍의아빠는 힘이 세다. 아이들과 함께 몸을 쓰면서 놀아주기에 홍의

아빠가 오면 모든 아이들의 눈이 반짝거렸다.

홍의아빠는 누워 있는 듬직이부터 번쩍 들어 안았다.

"임듬직. 잘 있었어?"

홍의아빠에게는 언제나 듬직이가 첫 번째였다. 듬직이를 두 손으로 받친 채 하늘 비행기를 태워주었다. 듬직이는 입을 크게 벌리며 즐거운 비명을 질러댔다. 뇌병변 장애로 인해 입이 잘 다물어지지 않기에 듬직이의 침이 빗방울처럼 떨어졌다.

홍의아빠는 침비를 맞으면서도 하늘 비행기를 멈추지 않았다. 한참을 날던 비행기가 미끄럼틀로 착륙하자 듬직이는 미끄럼틀 위에서 미끄러졌다. 마음껏 하늘 비행기를 타고 미끄럼틀까지 타면서 내려오는 듬직이 얼굴은 벌겋게 달아올라 있었다.

홍의아빠는 다른 아이들도 골고루 비행기를 태워준 후 특별히 듬직이를 한 번 더 오랫동안 비행기를 태워줬다.

미끄럼틀 아래에 누워 친구들을 바라보던 듬직이였다. 그러나 홍의아빠가 올 때면 그 누구보다 신나게 비행기와 미끄럼틀을 탈 수 있었다. 이때만큼은 상황이 바뀌었다. 아이들끼리 미끄럼틀을 탈 때는 듬직이가 부러운 눈으로 바라보았지만, 듬직이가 비행기와 미끄럼틀을 탈 때는 모든 아이들이 부러운 눈으로 듬직이를 바라보았다.

＊＊＊

주민등록번호를 받아 대한민국 국민이 된 듬직이.

장애 등록을 하면서 한결 수월하게 치료를 받을 수 있었고, 덕분에 조금씩 나아지고 있었다.

일주일에 세 번, 어김없이 순천 성가롤로병원으로 재활 치료를 받으러 다녔다. 짜증을 내거나 꾀를 부리는 날도 있었다. 그러나 대부분 듬직이 스스로 열심히 따라주었다.

1년 넘게 재활 치료를 받으면서 가장 큰 변화를 보인 부분이 있었다. 듬직이가 뒤집기를 제대로 할 수 있게 된 점이었다.

거실에서 누워만 지내던 듬직이가 온몸에 힘을 쓰면서 뒤집기를 시도했다. 몇 번의 시도 끝에 이마를 바닥에 '쿵'하고 찧었다. 힘들게 고개를 돌리더니 뭔가 큰일을 해냈다는 표정으로 현정엄마를 바라보았다.

뒤통수가 아닌, 이마가 바닥에 닿은 모습을 본 현정엄마는 순간 눈물이 핑 돌았다.

'세상에 이럴 수가…….'

곧바로 삼혜원 곳곳을 돌아다니며 놀라운 소식을 알렸다.

"듬직이가 뒤집었어요!"

"정말? 뒤집었어요?"

엄마들은 서로 손을 잡으며 좋아했다. 직접 눈으로 확인하기 위해 202호로 달려왔다.

손뼉을 치며 응원하는 엄마들을 위해 듬직이는 벌겋게 상기된 얼굴로 온몸에 힘을 줘가며 뒤집기를 다시 보여줬다.

듬직이는 단지 자신의 몸만 뒤집은 게 아니었다. 삼혜원 전체를 뒤집어놓았다.

엄마들은 그동안 열심히 노력했던 시간이 헛되지 않았음을 확신했다. 또한 뒤집기가 앞으로의 성공까지 보장하는 첫 단추처럼 느껴졌다.

듬직이는 더는 등으로 기어 다닐 필요가 없었다. 온몸에 힘을 주어 뒤집기를 하고 느리기는 했지만 엎드려 기기 시작했다.

엎드려 기면서 문턱이나 냉장고에 충돌하는 일이 적어졌다. 그만큼 팔에 힘이 생겼다. 목의 힘도 조금씩 나아져 목을 가누는 시간이 길어졌다.

엄마들은 듬직이가 엎드려서 기어갈 때마다 응원을 아끼지 않았다. 한편 좀 더 엄격해진 면도 있었다.

듬직이가 엎드려 기기 시작하자, 현정엄마는 듬직이에게 안방에서 식탁까지 기어오는 훈련을 시켰다.

은서와 예은이가 뛰어놀 때 과자나 치즈 같은 간식을 그릇에 담아 식탁 위에 올려놓곤 했다. 아이들은 재깍 달려와 식탁에 앉았다.

"듬직이도 간식 먹어야지."

식탐이 많은 듬직이는 빨리 먹고 싶은 급한 마음에 굴러서 왔다. 현정엄마는 듬직이를 번쩍 안아 다시 제자리에 데려다 놓고 말했다.

"천천히 기어 와야 간식을 먹을 수 있어."

현정엄마가 엎드려 기어오는 듬직이를 지켜보다 식탁으로 돌아오면 아이들은 이미 듬직이 몫의 간식까지 먹어치운 뒤였다. 그래도 미안함을 아는지 입을 오물거리면서 조용히 엄마의 눈치를 살폈다.

기다리라고 부탁을 했는데도 말을 듣지 않은 아이들이 어이가 없고 화도 났다. 그러나 이해 못 할 바도 아니었다. 맛있는 간식을 앞에 두고 느리게 기어오는 듬직이를 기다린다는 것이 어린아이들에게는 얼마나 힘든 일이겠는가.

아이들에게 다시 설명했다.

"듬직이를 기다렸다가 같이 먹어야 돼. 우리는 가족이니까."

그렇지만 아이들은 다음날도 기다리지 못했다. 엄마들은 다시 설명했다.

듬직이가 도착할 때까지 아이들이 간식을 먹지 않고 기다리게 되기까지 일주일 넘게 걸렸다. 기대 이상의 효과도 있었다. 아이들은 힘겹게 다가온 듬직이에게 먼저 간식을 권했다.

듬직이가 한 입 베어 문 것을 확인하고 비로소 자신들도 먹기 시작했다. 그렇게 듬직이와 아이들은 친구가 되고, 형제가 되고, 가족이되었다.

듬직이가 범보의자에 앉아 있는 시간도 조금씩 길어졌다.

처음에는 몸 전체가 바로 고꾸라졌다. 목은 물론 척추에 힘이 없어 범보의자에 앉히면 몸을 똑바로 하지 못했다. 점차 어깨로 버티는 힘이 생겼지만 목은 즉시 앞이나 뒤로 또는 옆으로 젖혀졌다. 그때마다 엄마들은 듬직이의 목을 가운데로 정렬시켜 놓았지만 이내 자세는 무너졌다. 그렇다고 엄마들이 듬직이의 목만 붙잡고 있을 수는 없었다.

재활 치료를 통해 점점 목을 가누는 시간이 길어졌다. 그럼에도 5

분을 지탱하는데 1년 가까이 걸렸다.

온몸에 힘을 주면서 목을 가누는 듬직이의 눈에는 항상 눈물이 글썽거렸다. 어느덧 10분에서 20분까지 버티는 날이 꽤 많아졌다. 그럴 때면 듬직이는 울음 대신 환한 미소를 지었다.

듬직이에게는 매일 매 순간이 투쟁의 연속이었다. 자신의 장애와 싸워나가며 어엿한 대한민국 국민으로 하루하루를 열심히 살아갔다.

2장. 홀로 그리고 여럿이

세월은 흐르고 아이들은 자란다.
세월은 저 홀로 흘러가지만, 아이들은 제 힘으로 자랄 수 없다.
수고와 정성과 사랑의 손길이 함께해야 가능하다.

1. 침수건과 찍콩, 숟가락

일주일에 세 차례, 순천 성가롤로병원에서 받는 재활 치료는 계속되었다. 치료 시간은 오후 2시였다. 치료에 동행하는 엄마는 그때그때 달랐다. 그날 근무하는 엄마가 나서야 했다.

지성엄마는 점심을 먹자마자 듬직이를 챙겨 출발했다. 한창 졸음이 쏟아질 시간이라 운전하는 것이 힘들었지만 하품을 참아가며, 듬직이가 좋아하는 노래를 틀어놓고 목청껏 따라 부르면서 운전을 했다.

듬직이는 움찔움찔 몸을 흔들어대며 즐거워했다. 그러나 병원 주차장에 도착하는 순간, 그 즐거움은 끝이 났다.

재활 치료의 고통을 잘 알고 있는 탓에 듬직이는 입부터 삐죽거렸다. 병원으로 들어서 울상이 되더니 엘리베이터 안에서는 기어코 눈물을 보였다.

큰 눈에서 뚝뚝 눈물이 떨어졌다.

듬직이는 아직 말을 못했다. 눈물로밖에 자신의 감정을 드러낼 수 없는 듬직이를, 지성엄마는 차마 똑바로 바라볼 수가 없었다.

얼마나 고통스러우면 저럴까?

기고, 서고, 걷고, 말하고……. 다른 아이들은 태어나 자라면서 자연스럽게 할 수 있는 것들을 듬직이는 투쟁하듯 익혀야 했다. 크나큰 고통 속에서 더딘 속도로밖에 나아갈 수 없는 과정이었다.

듬직이는 몸이 괴로웠고, 지켜보는 엄마들은 마음이 아팠다.

치료는 굳어 있는 팔과 다리를 풀어주는 스트레칭으로 시작되었다. 팔다리를 풀어주면 본격적인 치료가 이어졌다.

오늘은 워커를 잡고 일어서는 훈련을 하는 날이다.

듬직이는 허리까지 오는 워커를 두 손으로 잡았다. 팔이 잘 펴지지 않다 보니 자연히 팔꿈치가 구부러졌다.

아니나 다를까, 재깍 치료사의 호통이 떨어졌다.

"임듬직, 팔꿈치 펴야지."

듬직이는 열심히 버텨보지만 좀처럼 지시대로 되질 않았다. 결국 맥없이 주저앉고 말았다. 그러면서도 반쯤 펴진 팔에 힘을 줘 다시 일어나려 안간힘을 썼다.

치료사는 워커를 잡고 있는 듬직이를 엄하고 단호하게 일으켜 세웠다. 듬직이가 고통을 이기질 못하고 다시 주저앉았다.

치료사가 소리쳤다.

"다리에 힘을 줘야지. 무릎 펴고 허리에 힘."

듬직이가 전력을 다해 일어났다. 두 팔을 펴고, 허리에 힘을 줘 두 다리를 지탱하려 애를 썼다. 워커를 잡고 있는 두 팔이 바르르 떨렸다. 두 다리는 거센 바람 속 여린 가지처럼 속절없이 흔들렸다.

"이제 열을 셀 거야. 다 셀 때까지 버텨야 돼."

치료사가 매몰차게 몰아붙였다.

"하나, 두울, 세엣, 네엣……."

지성엄마는 가혹한 형벌의 광경이라도 마주한 듯했다. 아, 차라리 고개라도 돌릴 수 있다면…….

"열!"

소리와 함께 듬직이가 털썩 주저앉았다.

온몸이 침과 땀으로 흠뻑 젖은 채, 듬직이가 고통으로 일그러진 얼굴로 웃었다. 해냈다는 뿌듯함이 배어 있는 미소였다.

지난 치료에선 실패했다. 열까지는 도무지 버틸 수 없는 듯했고, 실제로도 그랬다. 오늘 드디어 버텨냈다.

치료 내내 굳어 있던 지성엄마의 얼굴도 마침내 밝아졌다.

"듬직아. 잘했어. 정말 잘했어. 우리 듬직이 최고! 오늘은 집에 가는 길에 초코우유 사줄게."

지성엄마는 듬직이의 어깨를 두드려주고, 온몸에 묻은 침을 수건으로 닦아냈다.

오늘도 듬직이는 침수건 열 장을 넘게 썼다. 그만큼 최선을 다해 자신의 장애와 싸워나갔다는 증거였다.

듬직이는 구강 조절이 안 되는 탓에 침을 많이 흘렸다. 일반 손수건으로는 도무지 감당할 수 없는 정도로 많은 양이었다.

삼혜원 엄마들은 듬직이만을 위한 손수건을 마련했다. 이름하여 침수건.

아이들이 흔히 쓰는 가제 수건을 서너 장씩 두툼하게 겹쳐 한 땀 한 땀 바느질을 해가며 만들었다. 솜씨 좋은 엄마들은 듬직이 이니셜을 예쁘게 수놓기도 하고 예쁜 캐릭터를 오려 붙이기도 했다. 엄마들의 정성이 담긴, 사랑으로 아로새긴 손수건이었다.

그렇게 만들어진 듬직이의 침수건이 수십 장이었다.

그토록 열심히 닦아주었어도 침독이 올라 듬직이 입 주위가 벌겋게 변하곤 했다. 심하면 얼굴 전체로 번졌고, 피부과를 찾아 치료를 받아야 했다.

그때마다 엄마들은 힘이 빠졌다. 최선을 다한다고 했다. 하지만 결과가 좋지 않으면 마치 자신들의 탓인 양 속이 상했다.

＊＊＊

2012년 6월 장마철, 아침부터 장대비가 쏟아지고 있었다.

아이들과 지내다 보면 오전 시간이 훌쩍 지나갔다. 근무표를 보니 듬직이가 오후에 순천 성가롤로병원에 가는 날이었다.

현정엄마는 일찍 나설 요량으로 서둘러 점심을 먹고 병원을 향해 출발했다.

줄기차게 내리는 빗속에 오늘따라 와이퍼가 뻑뻑했다. 운전대를 꽉 잡고 조심조심 운전해 미평 삼거리를 지날 때였다. 1차선을 가던 차가 갑자기 끼어들었다. 순간 '쾅' 소리와 함께 거칠게 차가 흔들렸다.

놀란 현정엄마는 아무것도 할 수 없었다. 눈앞에 별이 반짝이며 '웽' 하는 소리가 머릿속에 가득 찼다.

3~4초 정도 멍하니 있다 빵빵대는 소리에 정신을 차렸다. 뒤를 돌아보니 듬직이가 큰 눈을 끔뻑이며 그대로 있었다. 다행히 무사한 것 같아 문을 열고 내렸다. 차량 앞부분이 크게 찌그러져 있었다. 앞차에서도 사람이 내려 빗속에 서로 손짓을 하다 우선 차를 움직여 갓길에 세우기로 했다. 다행히 차가 움직일 수 있어 시내버스 정류장에 차를 세웠다.

현정엄마는 놀란 마음을 겨우 누르며 삼혜원에 전화를 했다.

"사고 났어요."

입을 열자, 서러움이 북받치며 눈물이 흘러내렸다.

"몸은 괜찮아요? 듬직이는요?"

"차 안에 있는데 괜찮은 것 같기도 하고, 잘 모르겠어요."

"바로 갈 테니, 조금만 참아요."

전화를 끊은 뒤에도 눈물이 그치질 않았다.

그저 사고일 따름인데, 왜 이리 서러운 걸까.

현정엄마는 속으로 연신 되뇌어 보았지만 아무 해답도 떠오르지 않았다. 장대비를 고스란히 맞아 온몸이 젖은 채 차에 엉덩이를 간신히 얹고서 울었다.

듬직이는 놀란 표정으로 현정엄마를 쳐다보고 있었다.

얼마쯤 지났을까, 박과장과 수환선생이 나타났다.

박과장은 일단 큰 사고가 아니어서 다행이다 싶었다. 뒷문을 열어 듬직이가 다친 곳은 없는지 이리저리 살폈다. 다행히 괜찮았다. 안도의 한숨이 절로 나왔다.

삼혜원에 도착한 현정엄마는 여전히 겁에 질린 건지, 비에 흠뻑 젖은 탓인지 부들부들 몸을 떨었다. 다른 엄마들이 나서 옷부터 갈아입혔다. 곧 자리에 눕히고 이불로 감싸주었다.

"듬직이는요?"

"지금 잘 놀고 있어요."

"정말 괜찮은 거죠?"

"그럼요. 걱정 말고 푹 자요."

"아……!"

신음에 가까운 외마디가 현정엄마 입에서 흘러나왔다. 그리고 팽팽하게 당겨졌던 끈이 한순간에 풀리듯이 스르르 잠속으로 빠져들었다.

그렇게 예상하지 못한 힘겨운 하루가 지나갔다.

***

듬직이의 하루는 스트레칭으로 시작되었다.

듬직이가 깨어나는 즉시 엄마들은 밤새 한층 더 굳어진 듬직이 몸을 20분가량 스트레칭으로 부드럽게 해줬다. 어김없이, 하루를 알리는 거룩한 예식인 양.

듬직이의 양 손목을 바깥쪽으로 돌려주었다. 누운 자세에서 고관절과 무릎관절을 펴줬다. 두 손을 잡아줘 1분 동안 선 자세로 매달리게 했다.

여기까지 엄마가 도와줬다면, 다음은 듬직이 스스로 해결해야 할 과제다.

아침을 준비하는 동안 듬직이는 안방에서 식탁까지 기어가야 했다. 여느 아이들에게는 종종걸음으로 쉽게 닿을 수 있는 거리다. 그러나 아직 팔다리를 잘 움직이지 못하는 듬직이에게는 상당한 운동량을 요구하는 힘든 과정이었다.

엄마들은 듬직이를 거들어주지 않고 힘들어하든 말든 내내 모른 척했다. 당장 야속한 엄마로 여겨도 어쩔 수 없었다. 듬직이의 미래를 위한 인내였으니까.

듬직이가 식탁에 도착하기까지 한참이 걸렸다. 음식이 차려지고 모든 아이들이 식탁에 둘러앉을 때에도 듬직이는 여전히 기어오고 있을 때가 많았다.

누구 하나 불평하지 않고 듬직이의 도착을 기다려줬다. 아이들은 이미 알고 있었다. 차분히 기다려 주는 것이 듬직이를 향한 사랑의 표시라는 것을.

듬직이가 식탁을 찍고 보조의자에 앉는 순간, 아이들은 참고 기다린 것을 보상이라도 받으려는 양 부리나케 숟가락을 움직였다.

듬직이는 엄마를 바라보며 입을 벌렸다. 마치 둥지 안의 어린 새가 먹이를 물고 온 어미를 대하듯이.

듬직이는 숟가락을 제대로 들 수 없어 엄마가 밥과 반찬을 일일이 떠먹여 주어야 했다. 또한 음식을 잘 씹지도 못해 입에 든 음식을 그냥 삼키려들 때가 많았다. 그때마다 엄마는 계속 잔소리 아닌 잔소리를 해야 했다.

"듬직아, 바로 삼키지 말고 씹어야 해."

"안 돼, 듬직아. 꼭꼭, 냠냠."

"또 바로 삼키네. 삼키지 말고 꼭꼭, 냠냠 씹어 먹어야 한다고 했잖아."

말이 쉽지, 하루 세 번 식사 때마다 같은 말을 반복하는 건 정말이지 힘든 노릇이었다.

적당히 우물대다 삼키려는 듬직이, 그걸 말리는 엄마. 매 끼니마다 치열한 신경전을 벌여야 했다. 때로는 애걸하는 심정으로 설득하곤 했다.

"듬직아, 엄마가 할 수만 있다면 대신해주고 싶어. 정말 그러고 싶은데 그럴 수가 없네. 그러니까 다시 한 번 해보자."

음식을 씹지 않고 삼키는 것을 모른 척하면 금방 끝날 식사였다. 시간도 절약되고 치울 일도 그만큼 적어질 터였지만 엄마들은 그럴 수 없었다. 씹는 것 자체가 듬직이에게는 훈련이었다.

듬직이라고 좋겠는가. 자기 방식대로 먹겠다며 고집을 부릴 때가 많았다. 고개를 좌우로 흔들어 거부하거나 소리를 질렀다.

한바탕 기 싸움을 벌여가며 식사를 마치면 엄마들은 진이 다 빠졌다. 그래도 멈출 수 없었다. 듬직이를 위한 사랑의 싸움이기에 계속 밀어붙여야만 했다.

식사 후 듬직이의 재활 치료는 다시 시작되었다. 또 다른 사랑의 싸움이었다.

그 무렵 듬직이는 범보의자에 앉기에는 많이 자라 있었다. 동백원 물리 치료사의 협조를 얻어 듬직이 발에 맞는 신발 겸 발목 보조기구, 체형에 맞는 좌식 보조기구와 기립 보조기구를 제작했다.

듬직이는 발목 보조기구를 착용하고 기립 보조기구를 잡은 채 서
있는 연습을 했다

시간을 일일이 체크했다. 처음에는 20분씩, 그 다음에는 30분씩
점차 시간을 늘리며 훈련을 시켰다.

온전히 성장이 되기도 전에 딱딱하게 굳어버린 근육을 유연하게 회
복시키는 훈련이어서 고통스러울 수밖에 없었다.

듬직이는 고통의 정도를 말로 표현할 수 없었다. 스스로도 얼마나
답답하겠는가. 엄마는 엄마대로 안타까웠다. 몸짓과 울음으로밖에
듬직이의 상태를 파악할 수 없는 탓이었다.

듬직이는 컨디션이 좋으면 30분 이상 잘 참고 버텼다. 그렇지 않은

날은 5분도 안 돼 울며 보채거나 방안이 떠나가도록 서럽게 울었다.

심하게 우는 날에는 엄마들도 도리 없이 재활 치료를 중단했다. 오죽 힘들면 저렇게 서럽게 울까, 하는 생각이 들면 저 아래 깊은 곳에서 슬픔이 스멀스멀 올라온다. 그 슬픔과 듬직이를 같이 품에 안고 달래가며 이야기했다.

"듬직아, 많이 힘들지? 엄마도 알아, 듬직이 힘든 거. 그래도 꼭 해야 돼."

"듬직아, 누구도 대신해줄 수가 없어. 그러니까 조금만 더 참자."

그렇게 등을 토닥이다 울음이 잦아들면 엄마들은 슬그머니 좌식 보조기구를 가져왔다. 자세를 바르게 유지하기 위한 훈련 도구였다.

좌식 보조기구에는 팔 받침 테이블을 끼울 수 있었다. 테이블 위에 장난감을 올려놓으면 듬직이는 잘 갖고 놀았다. 놀면서도 운동 효과를 얻을 수 있었다.

조그만 장난감 자동차나 레고를 놓아주기도 했다. 듬직이에게 레고 블럭을 몇 개 놓아주자 은서가 레고 상자를 통째로 방안에 부었다. 블록들이 방안에 천지로 흩어졌다. 은서를 따라 예은이와 최근 한 식구가 된 태현이도 블록 맞추기를 함께했다.

항상 듬직이를 생각하는 예은이가 몇 개의 블록을 듬직이 테이블 위에 놓아주었다. 예은이의 고마운 마음에 듬직이가 블록들을 맞춰보려 하지만 아직은 제대로 되지 않았다. 그래도 같이 노는 것이 듬직이에게는 즐거운 모양이었다.

은서는 유독 빨간색 블록에 관심이 많아 빨간색만 모았다. 어느 정도 모이자 이제 남의 블록들을 쳐다보더니 태현이의 빨간색 블록을 아무 말 없이 낚아채 왔다. 블록을 뺏긴 태현이는 블록을 달라고 소리쳤고, 은서는 대꾸도 하지 않고 만족한 웃음을 지으며 블록을 맞췄다.

태현이가 뺏긴 블록을 가지러 갔다가 은서가 밀치는 바람에 넘어지고 말았다. 아직 힘으로 은서누나를 당해낼 수 없는 태현이였다. 엎드려 울면서 상황을 살피던 태현이가 일어나더니 듬직이형의 블록을 싹쓸이해 가져갔다. 이번에는 듬직이가 소리를 지르며 울어댔다.

거실에서 빨래를 정리하던 지성엄마가 들어왔다. 방안은 널브러진 블록들로 인해 전쟁터나 다름없었다.

한숨만 나오는 상황이지만 차분한 목소리로 타일렀다.

"싸우지 말고, 사이좋게 놀아."

"네!"

대답만큼은 참 잘했다. 지성엄마가 돌아서면 이내 아웅다웅할 아이들이었다.

싸우면서 정이 들고 그러면서 아이들은 자라고 있었다.

듬직이의 테이블 위에 때로는 롤러코스터를 올려주었다. 롤러코스터는 장난감 겸 훈련 도구로서 안성맞춤이었다.

　손의 힘이 약한 듬직이는 제일 쉬운 코스를 움직이는 것조차 만만치 않았다. 땀을 뻘뻘 흘려가면서 전력을 다했다.

　롤러코스터 알을 하나 넘기는데 3분 이상이 걸렸다. 꽤 긴 시간에 걸쳐 힘겹게 전체를 성공하면, 듬직이는 발갛게 상기된 얼굴로 자랑스러운 표정을 지어 보였다.

　곁에서 같이 놀던 아이들은 누가 시킨 것도 아닌데 손뼉을 치며 좋아했다. 그렇게 아이들은 듬직이와 함께 롤러코스터 놀이를 하면서 서로를 이해하고 받아들였다.

　듬직이 역시 아이들에게 열심히 마음을 전했다. 자기 방식대로 소통하려 무던히 애를 썼다.

아이들이 거실에서 놀이를 할 때, 어떡하든 끼어들려는 듬직이였다. 아이들을 따라 몸을 움직일 수는 없는 대신 눈동자만큼은 부지런히 쫓아다녔다. 아이들은 온몸으로, 듬직이는 눈으로 함께 놀았다.

누군가 넘어져 아파하면 듬직이는 금방 울상이 되었다. 아이들이 춤을 추면 듬직이 역시 엉덩이를 들썩거리며 몸을 흔들었다. 예은이와 은서가 다투면 잘 펴지지도 않는 두 팔을 내저으며 싸움을 말리곤 했다.

정말, 듬직이는 매일매일, 순간순간 노력했다. 스스로 포기하는 일은 없었다.

그런 만큼 엄마들의 수고는 두 배로 늘어났지만 상관없었다. 오히려 고마웠다. 듬직이가 주는 선물이었다. 듬직이로 인해 맛보는 기쁨과 보람은 어느 그 무엇과도 바꿀 수 없는 행복으로 다가왔다.

***

무엇인가 스스로 해보려는 시도는 아이들이 성장하면서 필연적으로 늘어나는 욕구이다.

예컨대 젖병을 잡아주려는 보호자의 손길을 밀쳐내고, 골라주는 옷 대신 제 마음에 드는 것을 입으려 하고, 자기가 원하는 방향대로 움직이려 한다.

삼혜원 엄마들은 아이들의 이러한 욕구가 반갑다. 딱히 위험하지만 않다면 언제든 허용한다. 자기 욕구가 충족되어야 결국 자존감이 높은 아이로 성장할 수 있기 때문이다. 반면 자기 욕구가 차단되거나 거절이 반복될 때 아이는 자발성이 부족한 의존적 모습이 된다.

듬직이는 스스로 할 수 있는 것이 별로 없다.

거의 대부분 엄마들의 손길이 필요하다. 그렇다고 스스로 하고픈 욕구마저 없겠는가. 엄마들 눈에 비친 듬직이는 욕심도 많고 의지도 강하다. 다만 몸이 따라주지 못할 따름이다.

듬직이는 자기 욕구대로 해내는 아이들의 행동을 유심히 바라보곤 했다. 특히 식사 시간에 그랬다. 스스로의 힘으로 밥을 먹고 반찬을 선택하는 친구들이 마냥 부러운 눈치였다.

그때마다 엄마들의 속내도 편치 않았다.

'듬직이도 스스로 숟가락을 사용했으면 좋겠어.'

그러나 듬직이는 손에 힘이 없고 손목도 잘 움직이지 못했다. 숟가락질 자체가 무모한 시도처럼 여겨졌다. 그렇다고 포기할 엄마들이 아니었다.

처음에는 듬직이에게 유아가 사용하는 숟가락을 손에 쥐여주었다. 숟가락으로 음식을 뜨지 못했다. 그럼에도 떠먹으려는 시늉을 하며 방긋 웃었다. 의지도 있고, 용기도 있으며, 노력도 하겠다는 결단의 표시처럼 느껴지는 미소였다.

매 끼니마다 숟가락을 쥐여주었다. 팔꿈치를 펴서 밥을 뜨고 손목을 움직여 입에 넣는 연습을 반복했다. 실패의 연속이었다.

엄마들은 더 좋은 방법이 있는지 궁리했다. 인터넷으로 검색해 보았지만 도움이 될 숟가락을 찾기 어려웠다.

듬직이에게는 숟가락을 손에 쥐고 밥을 먹는 자체가 힘들고 어려운 과정이었다. 뇌병변 장애의 특성상 손이나 발의 조절이 잘 되지 않는다. 더구나 강직이 오면 손과 팔이 떨려서 숟가락에 담긴 음식을 흘리거나 아예 숟가락을 놓쳤다.

듬직이는 놓친 숟가락을 다시 집으려 온몸에 힘을 주며 집중하곤 했다. 그러나 반복하다 보면 너무 힘이 들어서 그만두고 싶어 하는 날도 있었다.

하루는 땀을 흘려가며 식탁까지 기어온 듬직이에게 지성엄마가 말했다.

"오늘도 숟가락으로 밥 먹는 연습을 해야지."

듬직이는 당장 표정이 굳어지며 눈물을 보였다. 훌쩍이는가 싶더니 이내 돌아누워 온몸에 힘을 주어가며 펑펑 울었다. 서러움이 뚝뚝 묻어나는 울음이었다.

장애를 안고 사는 순간순간이 서럽고 힘들었으리라. 알면서도 함께 울어줄 수 없는 게 엄마의 입장이었다.

지성엄마는 다른 아이들의 식사를 도와주고 듬직이를 달래면서 운동을 해야 하는 이유를 설명했다.

"이렇게 운동을 하지 않으면 나중에 어른이 되어선 더 힘들어. 그러니까 지금 해야 돼."

듬직이는 한참 동안을 눈물이 흥건한 눈으로 식탁만 바라보았다. 울음이 점차 잦아들자 다시 숟가락 연습에 도전했다.

듬직이도, 엄마들도 힘든 일이었다.

'안 되는 건 결국 안 되는 일인가?'

낙담이 될 때마다 엄마들은 새로이 마음을 다잡았다.

듬직이가 포기하지 않는 한 엄마가 먼저 포기하는 일은 없다. 아니다. 듬직이가 포기해도, 마지막 한 조각 희망이라도 남아 있다면 잡고 매달려야 한다. 그러기 위해 엄마로서 듬직이 곁에 있는 것이다.

어느 날 지성엄마가 퇴근길에 우연히 쌀튀밥이 쌓여 있는 곳을 지나게 되었다. 쌀튀밥을 보며 듬직이의 숟가락 연습을 생각했다. 쌀튀밥을 이용하면 듬직이가 지치지 않고 즐겁게 할 수 있을 듯해 망설임 없이 구입했다.

다음 날 쌀튀밥을 보여주며 지성엄마가 말했다.

"우리, 이걸 숟가락으로 먹어보자."

아, 하고 듬직이가 환하게 웃었다. 재미있는 놀이로 여긴 듯했다.

듬직이는 숟가락 위의 튀밥을 흘리지 않으려고 온몸에 힘을 줬다.

흔들리는 숟가락을 입으로 가져가는 노력을 했다. 용케 성공해도 튀
밥의 절반 이상은 바닥에 흘렸다. 그러거나 말거나, 엄마에게는 대견
하기만 한 듬직이었다.

그렇게 듬직이는 조금씩, 조금씩 성장하고 있었다.

2. 더디 가더라도

세월은 흐르고 아이들은 자란다.

세월은 저 홀로 흘러가지만, 아이들은 제힘으로 자랄 수 없다. 수고와 정성과 사랑의 손길이 함께해야 가능하다.

일렬로 누워 젖병을 물던 아이들은 어느새 걷고, 뛰었다. 노래에 맞춰 엉덩이를 흔들고 춤을 추었고 목청껏 노래를 따라 부르며 돌아다녔다.

듬직이에게 그런 눈부신 성장은 없었다. 하지만 더디긴 해도 제 속도에 맞춰 앞으로 나아갔다.

듬직이를 돌보는 건 비장애 아이들보다 몇 곱절 더 힘겨웠다. 그러기에 듬직이가 보이는 미세한 변화에도 삼혜원 엄마들은 감격했다.

간식을 식탁 위에 차려놓으면 아이들이 단숨에 모여들었다. 듬직이도 자신의 최대 속력으로 기어왔다.

간식은 단호박, 고구마 등 제철에 맞는 좋은 재료로 다양하게 만들어 먹였다. 변비 예방을 위해 매일 한 병씩 유산균 음료도 먹게 했다.

삼혜원에서는 아이들을 위해 늘 최상품으로 넉넉히 마련했다.

삼혜원의 아이들은 한창 성장기에 있다. 아이들이 건강하게 자라기 위해서는 좋은 음식을 잘 먹어야 한다. 그러므로 아이들 먹거리에 대해 세심하게 신경을 썼다. 가장 신선하고 좋은 재료를 사용해 아이들의 입맛보다는 건강을 위한 식단을 제공하려 노력했다.

근검절약이 몸에 밴 삼혜원 엄마들이었다. 그러나 아이들을 위한 것이라면 아끼는 법이 없었다. 언제나 과하다 싶을 만큼 풍성하게 준비했다.

지역 한의원에 부탁해 보약을 지어 먹였다. 여서동 '경희길 한의원'과 신기동 '신통 한의원'에서 매달 아이들에게 정성스레 보약을 지어줬다.

그것만으로는 성이 차지 않아 삼혜원 엄마들은 직접 '경옥고'를 만들어 아이들에게 매일 한 숟가락씩 먹였다.

'경옥고'를 만들게 된 배경이 있었다. 삼혜원의 인라인 스케이트 선수들 때문이었다.

삼혜원 아이들이 시합에 나가면 단거리에서는 제법 좋은 성적을 올렸다. 하지만 중, 장거리는 항상 꼴찌로 쳐졌다. 뒷심 부족이었다.

원인과 처방을 찾기 위해 원장 이하 엄마들이 여러 번 회의를 했다.

원인은 어렸을 때 집안 사정으로 잘 먹지 못한 것으로 판단했다. 처방을 위해 많은 회의와 답사를 한 끝에 경옥고를 만들기로 했다. 처음에는 불 조절이 어려워 실패도 했지만 거듭할수록 맛있고 질 좋은 경옥고를 만들 수 있었다.

락앤락 커다란 통에 담아 생활방에 한 통씩 비치해서 매일 아침 삼혜원 모든 아이들이 한 숟가락씩 먹게 했다. 몇몇 아이들은 시키면 경옥고가 마음에 들지 않는다고 싫어했으나 어느덧 아이들에게 소중한 건강식이 되었다.

경옥고를 먹이기 시작한 지 6개월쯤 지나자 효과가 나타났다.

아이들이 병원에 가는 횟수가 절반으로 줄었다. 인라인 스케이트 선수들의 성적이 올라갔음은 물론이다.

경옥고를 만드는 직원들의 수고는 물론 소요 경비도 만만치 않았다. 사회복지법인 동행과 삼혜원에 들어오는 후원금이 있어 가능한 일이었다.

사회복지시설에 보내는 후원금은 아동과 장애인들이 건강하게 잘 살기를 바라는 마음이 담겼다고 믿기에 지금도 경옥고 만들기는 이어지고 있다. 덕분에 삼혜원 아이들은 건강하게 성장하고 있다.

＊＊＊

2012년 무더운 여름.

현정엄마는 어젯밤부터 몸 상태가 좋지 않았다. 속은 금방이라도 토할 것처럼 울렁거렸고, 현기증으로 어질어질했고, 팔과 다리는 납을 매단 듯 무거웠다.

아침에 일어나도 달라지지 않았다. 하루 병가를 내고 집에서 쉴까 망설이다 출근하였다.

잘 맞춘 톱니바퀴처럼 돌아가야 하는 게 삼혜원 생활이다. 예정에도 없던 휴가를 낸다면 그 빈자리를 누군가 대신해야 했다. 무엇보다 자신을 기다리고 있을 아이들의 모습이 눈에 아른거렸다.

안간힘을 내 겨우겨우 하루의 일과를 마쳤다. 안도감과 함께 피곤이 밀려왔다.

삼혜원에서는 매일 밤 엄마 쟁탈전이 벌어진다. 엄마 품이 한창 그리운 서너 살의 아이들이니 그럴 만도 하다.

오늘도 예은이가 먼저 현정엄마 베개를 안고 누워 있었다. 조금 늦은 은서가 그 사이로 파고들었다. 힘으로 밀고 들어오는 은서를 이길 수가 없어 예은이는 훌쩍였다.

파고드는 은서와 훌쩍이는 예은이를 달래려고 '가위 바위 보'를 시켰다.

예은이의 승리. 만족한 표정으로 엄마 옆에 누워 잠을 청하는 예은이를 은서가 다시 힘으로 밀고 들어왔다. 그리운 엄마 품에는 '가위 바위 보'도, 약속도 소용없었다.

은서와 예은이의 등을 쓰다듬으면서 달래고 구슬렸다. 하지만 둘 다 막무가내 고집을 부렸다. 계속되는 아이들의 소란으로 피곤과 짜증이 폭발한 현정엄마가 소리쳤다.

"얘들아, 잠 좀 자자."

자는 시간에는 좀처럼 들을 수 없었던 엄마의 큰소리에 듬직이가 놀라 먼저 울었다. 그렇지 않아도 울고 싶던 은서는 핑계가 생겨서 울었고 예은이도 덩달아 울어댔다.

한밤중에 여러 명의 아이들이 동시에 울어대는 난감함이라니. 도무지 엄마의 아픈 사정을 봐주지 않는 아이들이었다.

이쯤 되면 엄마는 폭, 연신 한숨을 내쉴 수밖에 없었다.

아이들이 잘못했을 때 훈육이라는, 사랑이라는 이유로 매를 드는 것은 아이들의 발달과는 아무런 상관이 없다. 보호자로선 그저 자신의 할 일을 했다고 믿는 착각일 뿐이다.

인간은 감정의 동물이다. 아이의 잘못된 행동을 보고 매를 들면 분노의 감정이 이중으로 상승 작용을 일으킨다.

대부분 가정폭력은 매를 드는 사소한 행위에서 출발한다. 매와 잔소리로 아이들의 행동을 바꿀 수 있다면 아동심리학을 비롯한 수많은 이론과 책들이 무슨 소용일까?

'사랑이란 이름으로 때리는 매는 없다.'

'단 한 대도 안 된다.'

그렇게 믿고 사는 삼혜원 엄마들이자 삼혜원의 방침이다.

현정엄마는 순간 올라왔던 화를 가라앉히고 아이들을 다독였다. 어렵사리 아이들을 재운 뒤, 듬직이에게로 시선을 옮겼다.

듬직이는 여전히 방 한쪽에서 자신과의 싸움을 하고 있었다. 구부정하고 경직된 몸 때문에 깊이 잠들지 못했다. 스스로 편안한 자세를 찾을 때까지 한 시간이고 두 시간이고 온 방을 뒹굴뒹굴 돌아다녔다.

밤중에 여러 번 깨는 것은 물론, 고통스럽게 울어대며 온밤을 꼴딱 지새우는 날도 숱하게 많았다. 그런 밤이면 현정엄마도 같이 잠을 이루지 못했다.

마침내 듬직이의 움직임이 멈췄다. 제법 편안한 표정을 짓는 듬직이의 팔과 등, 다리에 쿠션을 대어주었다. 조금이라도 편안하게, 깊게 잠들기를 바라면서.

그러나 그 시간이 길지 않았다. 곧 뒤척이기 시작했다. 잠은 쏟아지건만 강직으로 인한 통증 때문에 결국 깨고 마는 듬직이였다.

현정엄마는 혼잣말처럼 중얼거렸다.

"듬직아, 엄마도 힘들어. 아프거든. 엄마 좀 봐줘."

정말 엄마를 봐주기로 작정한 듯 듬직이가 이내 새근새근 잠이 들었다.

***

아이들이 옹알이를 끝내면 제일 먼저 하는 말은 '엄마'와 '맘마'이다.

은서와 예은이는 또렷하게 말할 때에도 듬직이는 여전히 몸으로 표현을 하거나 외마디 소리를 질렀다.

듬직이에게도 '엄마'라고 말해보도록 시켰다. 소리로, 입 모양새로.

듬직이가 입을 동그랗게 벌리기는 했지만 소리를 전혀 내지 못했다. 다른 신체처럼 구강 근육이 강직된 데다 호흡이 약한 탓이다.

삼혜원 엄마들은 아이들의 미래를 위해 존재한다. 지금보다 더 나은 삶을 살 수 있도록 지도한다.

듬직이도 예외일 수 없다. 아니, 장애를 헤쳐나갈 더 많은 노력과 방법이 필요했다.

"엄마, 엄마, 엄마……."

날마다 계속해서 시도했다. 듬직이와 얼굴을 맞대고 '엄마'라는 입 모양을 보여주고 소리 내어 보도록 했다.

노력과 수고는 헛되지 않았다. 시간이 흐르자 '아'라고 소리내기 시작했다. 그리고 '아'가 '어'로 바뀌었다.

'엄마'를 표현하는 '어, 마'를 소리 내기까지 무려 1년이 걸렸다. 더디지만 조금씩 발전하는 듬직이 모습에서 엄마들은 희망을 보았다.

소리 내기 훈련이 계속되던 어느 날이었다.

승희간호사는 지성엄마의 전화를 받았다. 은서가 팔을 다쳤으니 봐 달라는 연락이었다.

승희간호사는 생활관으로 부리나케 달려갔다. 은서 팔에 생긴 상처를 확인해보니 이빨에 물려 생긴 상처였다. 상처가 그리 깊지는 않았다.

"어떻게 된 일이에요?"

아이들이 거실에 모여 장난감을 가지고 놀다가 태현이와 은서가 서로 다퉜다. 장난감을 빼앗으려는 태현이와 지키려는 은서의 몸싸움이었다. 힘에 밀린 태현이가 은서의 팔을 물었다.

승희간호사가 상처 부위를 소독하고 있을 때, 듬직이가 다가와 은서의 상처를 살폈다.

"듬직이도 은서가 걱정돼서 그러는구나. 아이고, 착해라. 듬직이가 형이니까 태현이가 친구한테 잘못하면 말해. 안 돼, 하고.."

지성엄마의 이야기가 끝나자, 듬직이가 태현이를 보며 "안 돼"라고 말했다.

지성엄마는 놀란 눈으로 승희간호사를 바라보았다.

"들었어요? 안 돼, 이렇게 말한 거 맞죠?"

놀라긴 승희간호사도 마찬가지였다.

듬직이는 짧은 단어조차 제대로 발음하지 못했다. 1년 동안 연습과 훈련을 거듭해 겨우 '어, 마'를 말할 수 있게 되었다. 그런 듬직이가 어눌하지만 분명한 '안 돼'를 내뱉었다.

'아, 기특한 듬직이.'

감동의 순간이었다. 그간의 수고와 노력을 단숨에 보상받는 기분이었다.

지성엄마와 승희간호사는 서로를 바라보며 한참을 웃었다.

듬직이의 가능성을 확인한 듯해 기뻤다. 비단 그뿐이 아니었다. 듬직이가 어떤 행동이 옳고 그른지 정확히 알고 있다는 사실이 너무도 고마웠다.

그 이후 태현이는 잘못된 행동을 할 때마다 듬직이의 '안 돼' 소리를 들어야만 했다.

3. 18살 어른

2013년 새해가 시작되었다.

해가 바뀔 때마다 삼혜원에는 많은 변화들이 생긴다.

아이들이 자라 고등학교를 졸업하면 삼혜원을 떠나야 한다.

우리나라 아동 양육시설 아이들은 만 18세가 되면 자립정착금 300
만 원(현재는 500만 원)을 손에 쥐고 어릴 때부터 살아 정들었던 곳
을 떠나야 한다. 300만 원 갖고 세상으로 뛰어들어 홀로서기를 해야
하는 18살 어른이 되어야 한다. 또래보다 훨씬 빠르게 어른이 되기를
강요받는 셈이다.

대학에 진학하면 연장 아동으로 분류되어 졸업 때까지 삼혜원에서
지낼 수 있다. 그러나 별다른 지원은 없다. 외부 재단이나 국가 장학
금으로 학비를 조달할 수 있을 뿐이다. 교재비, 생활비 등은 스스로
마련해야 한다.

18살에 어른이 된 아이를 떠나보낼 때, 삼혜원 엄마들은 가슴이 미

어진다.

애지중지 어떻게 길러온 아이인데…….

홀로 험한 세상을 어찌 살아갈지…….

이별은 피할 도리가 없다. 시기마저 정해져 있다.

그 이별과 시기를, 삼혜원 엄마들은 늘 마음속에 담아둬야 한다. 어쩔 수 없이 세상 속으로 떠나보내야 하기에 어릴 때부터 아이들의 미래를 위해 많은 노력을 기울인다. 당당한 18살 어른의 모습으로 성장하도록 도와야 한다.

대학 진학을 꿈꾸는 아이들에게는 학원을 보내는 등 성적 향상을 위해 함께 노력하고, 예체능에 소질이 있으면 그에 맞게 뒷받침을 한다.

삼혜원에는 인라인 스케이팅이나 사이클 선수들이 있는데 최선의 성적을 낼 수 있도록 아낌 없이 지원을 한다. 운동선수들을 뒷바라지하기 위해선 무엇보다 먹는 것에 신경을 써야 한다. 에너지 소모가 많은 만큼 그에 맞는 양과 영양소를 곁들인 식단을 짜야 한다.

특성화고등학교에 진학하면, 자격증 취득을 위해 학원에 다니게 한다. 기능장반에도 갈 수 있게 지도한다.

특히 기능장반은 고등학교 3년 동안 모든 것을 쏟아야 하는 힘들고 어려운 길이다. 아이들도, 엄마들도 힘겨운 과정이다. 주말이나 방학에도 학교에 가는 아이들을 위해 새벽부터 일어나 아침밥을 챙겨주고 간식이나 저녁 도시락은 학교로 배달한다. 체력이 떨어지지 않도록 건강보조식품도 후원 받아 먹인다.

기능장반 아이에게 들어가는 실습 재료비도 만만치 않다. 그러나 아이들의 미래를 위한 투자이기 때문에 삼혜원에서는 아끼지 않고 부담한다. 기능장반에서 3년을 열심히 노력해 기능경기대회에서 입상하면 좋은 직장에 취직이 된다. 아이로선 안정된 미래를 보장받는 셈이다.

용접 기능경기대회에서 금메달과 동메달을 딴 최기복 군은 삼성중공업에, 옥내제어 전기 기능대회에서 메달을 딴 김진영 군은 삼성에버랜드에 취업했다. 삼혜원의 대표적인 성공 사례였다.

2013년에는 재욱이가 한국전력 자회사 동서발전에 취업했다. 모두가 기뻐하며 축하했다. 재욱이처럼 안정된 직장을 얻어 당당하게 떠나는 경우, 삼혜원 엄마들의 마음도 한결 가벼웠다.

지현이와 지희도 엄마들에게는 크나큰 기쁨이 되어 주었다.

둘은 쌍둥이였다. 아빠의 사망과 급격히 어려워진 가정 형편으로 다섯 살에 삼혜원 식구가 되었다.

성격 차이는 있었지만 둘 다 잘 적응했다. 그럼에도 삼혜원 엄마들에게는 걱정거리이자 숙제가 있었다. 동생 지희가 사시였다.

삼혜원에 오기 전부터 방치된 장애였지만, 한 식구가 된 이상 방법을 찾아야 했다. 수술을 받게 했다. 사시는 한 번의 수술로 교정되는 경우는 흔치 않다. 결국은 지희도 열두 살이 되던 해 서울 삼성의료원까지 가서 재수술을 받았고, 마침내 완치되었다.

그렇다고 엄마들의 걱정이 다 없어진 것은 아니었다. 다시금 문제가 생기지 않을까 항상 조마조마하며 돌봐야 했다. 빨리 뛰지 않도록, 심하게 머리를 흔들지 못하게, 잠자리에서조차 안정된 자세를 유지하도록 일상의 세세한 부분까지 엄마들은 신경을 써야 했다.

지현과 지희는 잘 자라줬고, 서서히 삼혜원을 떠날 준비를 했다. 특히 자립 실무를 맡은 고은희 사회복지사가 동분서주 움직였다. 면담을 통해 자신들의 미래를 설계하도록 도왔다. 퇴소한 선배들을 불러 진솔한 이야기를 듣게 했다. 스스로 생활하며 겪어보는 자립관 체험의 기회도 만들었다.

직장에서의 인턴십도 빼놓을 수 없었다. 언니 지현이는 사무원이 되기 위해 컴퓨터 자격증을 따길 원했다. 동생 지희는 간호조무사가 될 목표를 세웠다.

아이들이 각자 원하는 대로 돕는 것이 옳았다. 그럼에도 고은희 사회복지사는 쌍둥이가 같은 직업을 갖는다면 얼마나 좋을까 하는 생각이 들었다. 장차 서로를 지탱해줄 크나큰 힘이 될 듯했다. 면담을 통해 지현이를 설득했고, 지희와 함께 간호조무사 학원에 등록시켰다.

과연 자격증을 딸 수 있을까, 하는 조바심으로 두 아이를 지켜봐야 했다. 불쑥 그만두겠다는 아이들을 데리고 외식을 하며 설득하길 수차례, 마침내 시험에 합격했다.

고은희 사회복지사는 안도했다. 한편 또 다른 목표를 제시하기로 마음먹었다. 간호조무사보다 간호사가 된다면, 자립의 길은 한층 더 선명하고 단단해질 것이었다.

대학 진학을 권하였다. 한 차례의 성공 경험 때문인지, 쌍둥이는 다시 목표를 세웠다. 힘들어 죽겠다며 하소연을 하면서도 열심히 공부했다. 마침내 둘은 나란히 간호학과에 입학할 수 있었다. 합격의 선물로 대학 졸업까지 삼혜원에 머물게 되었다.

현재 쌍둥이는 부산의 병원에서 간호사로 근무하고 있다. 간간이 삼혜원에 전화를 걸어온다. 긴 수다가 이어진 끝에 쌍둥이들은 말하곤 한다.

삼혜원에 들어간 자체가 행운이었고, 그곳의 보살핌과 응원이 아니었다면 결코 지금의 모습으로 성장하진 못했을 것이라고…….

"고맙습니다."

마지막 말은 목멘 듯 제대로 맺질 못하는 쌍둥이였다.

그렇다. 삼혜원 아이들은 모두 잘되어야 한다.

아이들은 미래의 삶을 뜻한 대로 당당하게 잘 살아야 한다. 그러기 위해 삼혜원 엄마들은 끊임없이 격려하고, 또 어긋나지 않도록 숱한 잔소리를 할 수밖에 없다.

18살에 이른 어른이 되려면 일찌감치 강해져야 하기 때문이다.

***

새해가 되면서 아이들 방에도 변화가 있었다.

듬직이 또래 중 두 명의 아이가 원래의 가정을 찾아갔다. 형편이 나아진 부모의 손을 잡고 행복한 웃음을 지으며 삼혜원을 떠났다.

대신 두 아이가 새로 삼혜원의 식구가 되었다. 김재원이 그중 하나였다. 엄마가 암 투병 중 사망하면서 아빠 혼자 양육할 형편이 안 되어 재원이를 삼혜원에 맡겼다.

듬직이보다 어린 재원은 막막한 눈빛으로 창밖을 내다볼 때가 많았다. 엄마에 대한 그리움과 아빠를 기다리는 마음이 뒤섞인 듯했다.

그래도 아이는 아이였다. 재원이는 금세 아이들과 친해졌다.

그 과정이 거의 싸움의 연속이었다. 재원이는 욕심이 많았다. 자기보다 나이가 많은 은서나 예은이에게 지지 않으려고 떼를 쓰기도 하고 때리기도 했다. 때리기보다 맞을 때가 더 많았지만 재원이는 계속 전투태세로 삼혜원을 휘젓고 다녔다.

재원아빠는 아내와 사별 후 알코올에 상당히 의존했다. 술에 취한 날이면 아들이 더욱 생각이 났는지 불쑥불쑥 찾아왔다.

재원이는 술에 취한 아빠가 마음에 들지 않는 모양이었다. 미움과 원망의 눈초리로 바라보며 쉽게 다가가지 않았다. 함께 살던 기억이 재원이를 머뭇거리게 만든 듯했다.

어느 날 재원아빠는 빵을 한가득 사 들고 찾아왔다. 재원이는 살갑게 맞아주지 않았다. 선뜻 안기지도 않은 채 주눅 든 눈초리로 바라볼 뿐이었다.

어색한 순간이 흐르고 눈인사만 하고 돌아서는 재원아빠. 어깨는 축 처지고 발걸음에는 힘이 없었다.

아빠는 가고, 아빠가 가져온 빵만 덩그러니 남았다.

재원이는 빵을 아이들에게 돌아다니면서 나눠주었다. 모두에게 하나씩 나눠주고 재원이는 만족한 웃음을 지으며 제 몫으로 두 개를 챙겼다.

무섭기는 하지만 찾아와 준 아빠였다. 삼혜원 엄마들은 재원이가 아빠의 빵을 통해 자신이 사랑받고 있다는 안도감을 느끼길 바랐다.

은서가 빵을 먹지 않고 들고만 있었다. 먹보 은서에게는 흔치 않은 모습이었기에 지성엄마가 물었다.

"왜 그래? 빵 안 먹어?"

은서가 금방이라도 울음을 터뜨릴 것 같은 표정으로 낮은 목소리로 대답했다.

"엄마, 보고 싶어."

재원아빠가 다녀가는 모습이 은서의 가슴에 엄마에 대한 그리움을 불러일으킨 모양이었다. 좋아하던 빵조차 냉큼 먹지 못할 만큼 간절한 그리움으로.

지성엄마로선 모른 척할 수 없었다. 여러 차례 연락 끝에 저녁 늦게 은서 친엄마와 통화할 수 있었다.

바쁜 은서 엄마와의 통화는 짧게 끝났다. 순식간에 끝이 난 통화건만 은서에게는 힘이 되고 용기가 되었을까, 그제야 가방에 숨겨둔 빵을 꺼내 먹기 시작했다.

지성엄마의 눈은 자연스레 듬직이를 향했다.

듬직이에게는 되살릴 기억이 없었다. 술에 취해 빵을 사다 줄 아빠도, 전화로 연락을 취할 수 있는 엄마도 없었다. 그저 재원이와 은서의 모습을 물끄러미 지켜볼 뿐이었다.

지성엄마는 다가가 듬직이의 뺨에 입을 맞췄다.

듬직이의 처지가 애처로운 까닭이 아니었다. 듬직이도 세상에서 결코 혼자가 아니라는 사실을 일깨워주고 싶었다. 여느 아이들에겐 단 한 명의 엄마가 존재하지만 듬직이에게는 수많은 엄마가 함께한다는 사실을 확인시켜주고 싶었다.

지성엄마의 마음에 화답하듯 듬직이가 해맑게 웃었다.

4. 휴먼다큐 사랑 '꽃보다 듬직이'

2013년 봄이 깊어갈 무렵, 막 오후로 접어든 햇살이 삼혜원을 감싸고 있었다.

동아일보 정승호 기자로부터 연락이 왔다.

"저희 삼혜원을 취재하신다고요?"

"5월을 맞이하여 사람들에게 또 다른 가족의 모습을 알려주고 싶어서요. 삼혜원에서 좋은 보도자료 많이 보내주어서 잘 받아보고 있습니다. 이번 기회에 삼혜원 취재기사를 특집으로 내보낼까 합니다."

정승호 기자는 삼혜원을 방문해 취재하겠다고 했다. 실제 모습을 눈으로 직접 확인하고 싶었던 것이다.

삼혜원을 꼼꼼히 돌아보던 정승호 기자는 듬직이에게 관심을 보였다. 듬직이를 가운데 두고 정승호 기자와 삼혜원 엄마들이 이야기를 나눴다. 기쁨과 안타까움, 현실적 한계와 미래에 대한 소망이 담긴 진솔한 대화였다.

5월 20일, 동아일보 사회면에 듬직이의 사진과 함께 기사가 실렸다.

"뇌성마비 듬직이가 뒤집기를"… 삼혜원이 뒤집어졌다

사회면에 큼지막하게 나왔다. 기사도 정감있게 잘 쓰였다.

보도가 나간 뒤 삼혜원에 많은 연락이 왔다.

격려 전화를 걸어주는 분들, 듬직이를 직접 보고 싶다며 삼혜원을
방문하겠다는 분들, 후원을 약속하는 분들이 많았다.

듬직이 덕분에 삼혜원은 인근 지역은 물론 전국적으로 유명해졌다.

그렇게 2013년 여름이 지나갈 무렵, 이번에는 MBC 방송국 이모현
PD에게서 전화가 걸려왔다.

'휴먼다큐 사랑' 프로그램을 기획하던 중 우연히 동아일보 기사를

봤다며 듬직이가 궁금하다고 했다. 삼혜원에 대해서도 자세히 알고 싶다는 것이었다.

한 번으로 끝날 줄 알았던 방문은 그 후로도 몇 차례 이어졌다. 수차례 회의 끝에 듬직이를 주인공으로 한 삼혜원 생활을 촬영하기로 의견을 모았다.

촬영을 하려면 듬직이와 함께 생활하는 아이들의 보호자들에게 동의를 얻어야 했기 때문에 방송 취지와 방송 후 생길 수 있는 여러 가지 사정을 설명했다.

그렇게 보호자의 동의를 얻은 듬직이, 예은이, 은서, 재원이. 네 명의 아이들이 방송에 출연하기로 결정되었다.

촬영이 시작된다니까 삼혜원 엄마들의 마음이 다급해졌다. 촬영 며칠 전부터 보이지 않는 곳까지 쓸고 닦느라 여념이 없었다.

어느 곳보다 멋진 우리 아이들의 집인데도 막상 TV에 나온다고 하니 낡은 선반이 눈에 띄고, 페인트가 벗겨진 건물 외벽이 신경 쓰이고, 하다못해 멀쩡한 밥그릇마저 마음에 걸렸다.

이러다 보니 엄마들의 스트레스가 이만저만이 아니었다. 결국 원장이 나섰다.

"우리는 누가 뭐래도 우리가 가지고 있는 것 중에 가장 좋은 것들로 아이들을 키워 왔고 또 앞으로도 그럴 겁니다. 그러니 엄마들 모두 자신감을 가져요.”

“그래도 행여 겉으로 보이는 것에 사람들이 실망이라도 할까 걱정이 되네요.”

“아이들을 향한 우리들 마음이 진심인데 무슨 걱정입니까. 설사 무슨 오해가 생기더라도 금방 없어집니다.”

엄마들은 고개를 끄덕이면서도 푹, 한숨을 내쉬었다. 처음 겪는 일에 냉큼 부담을 떨쳐낼 수 없는 건 당연했다.

그 마음을 헤아린 원장이 마지막으로 덧붙였다.

“우리는 다른 사람들에게 잘 보이기 위해 일하지 않았습니다. 사람들의 시선을 두려워 맙시다. 지금 우리 앞에 있는 아이들의 행복에만 집중하자고요. 늘 그래 왔듯이 말입니다.”

그렇다. 듬직이를 위해, 삼혜원의 천사들을 위해 시작한 일이었다.

항상 당당한 엄마들이었다. 어디에 견줘도 부끄럽지 않게, 아니 더 풍족하게 아이들을 대해왔다. 허튼 마음을 품지도 않았고, 아이들을 사랑하는 일에 주저하지도 않았다. 애써 가리거나 일부러 과장할 바도 없었다.

삼혜원 본래의 모습으로 충분했다. 아이들이 생활하는 모습 그대로 보이면 될 일이었다.

그렇게 엄마들은 흐트러진 마음을 다잡았다.

* * *

11월 말부터 촬영이 시작되었다.

2주일에 한 번씩, 6개월에 걸친 일정이었다.

촬영 때마다 카메라가 3대, 대여섯 명의 제작진이 함께했다. 한번 촬영이 시작되면 보통 사나흘, 길면 닷새까지 걸렸다.

이모현 PD가 함께할 스태프들을 삼혜원 직원들과 아이들에게 소개 했다.

카메라 감독인 김만태 감독, 조연출인 배민하 PD, 그리고 선하리 작가와 보조 스태프들까지 앞으로 6개월간 촬영을 함께 진행할 스태 프들을 소개받고 나니 '정말 촬영을 하긴 하나 보다' 실감이 나기 시 작했다.

나중에 알았지만, 이모현 PD는 MBC에서 20년 경력이 넘는 베테랑 PD였고, 김만태 촬영 감독은 MBC 창사 50주년 특집 다큐멘터리 '지 구의 눈물' 시리즈를 촬영한 정말 유명한 감독이었다.

듬직이를 비롯한 아이들과 엄마들은 긴장과 설렘 속에서 촬영에 임 했다. 내용은 삼혜원 안에서 생활하는 아이들의 모습, 특히 듬직이가 장애를 안고 살아가는 모습에 초점을 맞추었다.

자연스러운 모습을 촬영한다는 것이 쉽지 않았다. 특히 엄마들은 카메라를 의식한 탓에 잔뜩 굳은 얼굴이었다. 의외로 네 명의 아이들은 잘 따라주었고, 어느 순간이 지나자 카메라를 의식하지 않고 평소의 모습대로 행동했다.

MBC 촬영 덕분에 듬직이는 여러 면에서 변화의 시기를 맞이했다. 듬직이의 성장을 위한 좋은 기회였다.

촬영 중 이모현 PD를 통해 듬직이에게 도움을 줄 만한 멘토 두 사람을 만났다. 그 만남을 위해 촬영팀이 전부 서울로 옮겼고 승희간호사와 지성엄마도 동행했다. 그중 한 명은 이미 여러 차례 방송에 소개되어 대중에게 알려진 세진이형이었다.

세진이형은 두 다리와 한 손이 불편한 선천성 무형성 장애가 있다. 지금의 어머니 양정숙 씨가 가슴으로 낳은 자식이었다. '로봇 다리'라고 불리는 의족을 하고 생활하지만 그 누구보다 실력이 뛰어난 수영선수였다.

그 세진이형을 만나러 수원의 수영장까지 찾아갔다. 방송 촬영이아니었다면 세진이형을 만난다는 것은 생각지도 못할 일이었다.

워낙 물을 좋아하는 듬직이다. 승희간호사 품에 안겨 수영장에 들어가자 마치 세상을 다 얻은 표정으로 즐거워했다. 듬직이가 세진이형과 물에서 즐기는 동안, 지성엄마와 승희간호사는 양정숙 씨의 이야기에 귀를 기울였다.

"세진이 어려서 재활 훈련을 시킬 때 정말 무섭고 엄하게 했어요.

주위에선 처음부터 걸을 수 없다고 했죠. 내 생각은 달랐어요. 세진이가 걸을 거라고 확신했어요. 나는 엄마잖아요."

삼혜원 엄마들도 듬직이에게는 틀림없는 엄마였다. 엄마의 심정이 아니라면, 듬직이의 장애에 이다지도 마음 아파하지 않았을 것이다. 엄마의 심정이기에 듬직이를 사랑으로 보듬을 수 있었고, 지금껏 최선을 다해왔다.

"세진이가 스스로 할 수 있을 때까지 매몰차게 밀어붙였어요. 그게 엄마예요. 내가 없으면 우리 세진이는 어떻게 해요? 누가 돌봐요? 엄마는 강해야 돼요. 타협도 주저함도 없어야 해요."

삼혜원 엄마들은 듬직이가 안쓰러워 세진이 엄마처럼 그렇게까지 모질게 굴지는 못했다. 듬직이의 마음을 헤아려 때로는 타협했고, 때로는 한계까지 강하게 밀어붙이기를 주저했다.

지금껏 최선을 다하고 있다고 생각했는데 그것으로 부족했단 말인가.

양정숙 씨의 이야기를 듣고 난 후, 지성엄마와 승희간호사는 서로를 마주 보고 긴 한숨을 토해냈다. 하나는 분명해졌다. 지금보다 훨씬 엄격한 태도로 듬직이의 재활을 도와야 했다.

다음날은 분당 서울대병원으로 향했다. 정진엽 교수를 만나기 위해서였다. 분당 서울대병원의 병원장을 역임한 바 있고, 뇌병변 장애에 관해선 우리나라 최고의 전문의였다.

평소 진찰을 받으려면 두어 달은 족히 기다려야 할 정진엽 교수를 집무실에서 편하게 만날 수 있었다. 듬직이에게는 커다란 행운이었다.

듬직이의 상태를 면밀히 살핀 후 정교수가 말했다.

"강직이 심해 어렵긴 하겠지만 해볼 만합니다. 한번 해봅시다. 듬직이 치료는 앞으로 제가 돕겠습니다."

걸을 수 있으리라는 섣부른 기대를 주진 않았다. 하지만 해볼 만하단다. 그 한마디는 삼혜원 엄마들에게 어떤 희망의 메시지보다 강력했다. 가슴에 박힌 오래된 절망의 화살촉이 쑤욱 빠져나간 듯했다.

＊＊＊

2014년 5월 6일, 화요일, 11시.
삼혜원 가족 모두 숨죽여 TV를 지켜봤다.

MBC 다큐스페셜 가정의 달 특집 휴먼다큐 사랑 '꽃보다 듬직이'
연출 이모현, 글 구성 고혜림

"삼혜원에는 꽃들이 산다. 향기도, 모양도, 크기도 다른 꽃들. 어느 것이 특히 곱고 예쁘다 할 것 없이 모두가 곱디 곱다. 세상은 그 꽃들에게 빛깔과 향기에 알맞은 이름을 불러주지 않지만, 이 꽃들은 서로를 위하여 아끼며 만개할 날을 기다리고 있다."

배우 유인나씨의 나레이션으로 방송이 시작되었다.

6개월 동안이나 촬영을 했건만 TV 화면에 나오는 모습들은 낯설게 다가왔다. 숨죽여 가며 TV를 보던 삼혜원 가족들의 눈시울이 점점 붉어졌다. 승희간호사와 엄마들은 울음소리를 참느라 안간힘을 썼다.

방송 다음 날.

포털사이트 실시간 검색어 순위에서 듬직이와 삼혜원이 최상위에 랭크되었고, 홈페이지는 접속 과다로 서버가 다운되었다. 전화기는 계속 울려댔고, 찾아오는 손님들도 많았다. 미국에서도 격려와 응원의 전화가 왔다. 특히 장애인 부모들에게서 많은 격려를 받았다.

퇴근 시간을 훌쩍 넘겨 울려대던 전화기가 잠잠해졌다.

비로소 엄마들은 테이블에 모여 그날 하루에 있었던 일들을 나누었다. 방송을 보고 난 뒤의 소감도 끊이질 않았다.

"듬직이는 실물이 더 잘생겼는데 영상이 그걸 다 담아내질 못한 거 같아."

"승희간호사는 인터뷰할 때 너무 운 거 아니에요? 코가 심하게 빨갛던데."

"그러는 지성엄마는 옷이 그게 뭐예요. 티셔츠가 목이 너무 늘어났더구먼."

"우리 은서는 정말 매력이 많은 아이인데, 방송에는 조금 사납게 나왔죠?"

유난히 길었던 하루. 지쳐서 얼른 집에 가고 싶기도 할 텐데 엄마들의 수다는 그칠 줄을 몰랐다.

다음 날, 그 다음 날도 기적 같은 하루하루가 계속되었다.

아이들의 후원자가 되어주겠다는 분들이 많아졌다. 아이들을 위한 선물도 속속 삼혜원으로 도착했다. 먹거리부터 장난감과 의료용품, 그리고 목욕용품까지. 선물 하나하나에는 세심한 배려가 묻어났다. 국내뿐만 아니라 해외에서도 정성 가득한 선물과 편지들을 보내왔다.

그렇게 듬직이는 삼혜원에 기적을 선물했다.

그러나 진정한 선물은 장애아에 대한 세상의 관심이 높아진 거였고 듬직이를 위시한 아이들을 돌보면서 함께 살아가는 공동체를 향한 따뜻한 마음들이었다.

5. 사랑과 눈물의 생일파티

방송이 나간 후 삼혜원을 찾는 분들이 많았다.

방송 전부터 삼혜원 엄마들이 염려하는 점이 있었다. 외부 사람들이 삼혜원을 찾아올 때 아이들을 딱하게 여겨 동정 어린 마음으로 아이들을 대하는 것이었다.

그래서 삼혜원은 평상시에도 방문객을 맞이할 때는 조심스러웠고 자원봉사도 섣불리 허락하는 일이 없었다. 특히 같은 또래 청소년들의 자원봉사는 받지 않았다. 삼혜원의 아이들이 조금이라도 상처를 받지 않을까 하는 마음에서였다.

방송 후 방문한 사람들은 다행히 있는 그대로의 모습으로 삼혜원을 바라봐주었다. 염려한 것처럼 동정의 눈빛은 없었고, 아이들이 밝고 건강하게 지내는 모습을 응원하기 위해 방문했다. 일시적 방문으로 그치지도 않았다. 지속적으로 찾아와 아이들에게 관심을 기울여주었다.

특히, 듬직이 후원자들은 모임을 시작했다.

'듬직바라기'

듬직이를 사랑하고 바라보는 사람들의 모임이었다.

처음부터 의도하고 계획했던 바는 아니었다. 사소한 동기에서 출발했다. 그러나 돌아보면 그리될 수밖에 없었다. 저마다의 골짜기에서 흘러내린 물이 강에서 만나 하나가 되듯이 자연스럽게 이뤄졌다.

방송 후 많은 사람들이 듬직이를 포함한 아이들의 소식을 궁금해했다. 하지만 남도의 끝자락 여수까지 직접 방문하기란 쉽지 않은 일이었다. 대신 보고픈 마음으로 삼혜원 홈페이지를 자주 들렀다. 일하다 틈틈이, 퇴근 후 잠시.

후원자들은 홈페이지에 올라온 듬직이의 일상 사진에 댓글을 달았다. 삼혜원 엄마들은 후원자들이 보내준 후원 물품에 진심을 담아 감사 메시지를 남기며 소통했다.

사진을 얼마나 유심히 봤던 것일까. 듬직이의 내의에서 해진 부분이 눈에 띄었던 모양이다. 아이들은 소변 실수를 하거나 음식을 자주 흘려 수시로 옷을 빨아야만 했다. 새 옷도 금방 해어지기 마련이었다. 그걸 무심히 넘기지 않고 내복을 사서 보냈다.

재활 치료를 받다 넘어져 다리에 멍이 든 것을 발견하면 멍에 좋다는 온갖 연고와 약들을 삼혜원으로 보내왔다. 그밖에도 무엇인가 필요하다고 느끼면 바로바로 물품들을 사서 전달했다.

그분들은 삼혜원 홈페이지를 통해 서로를 알아봤다. 자주 댓글을 남기는 분들끼리 얼굴은 몰라도 이름으로 익숙해지면서 의사 공유를 위해 밴드를 만들었다.

누군가는 밴드에 사람들을 초대하는 역할을 하고, 누군가는 총무를 하고, 또 누군가는 삼혜원에 방문한 사진을 올렸다. 그렇게 듬직 밴드의 활동이 시작되었다.

어느 날 승희간호사는 한 통의 전화를 받았다.

"저희가 밴드를 결성했어요. 처음에 댓글을 통해 자주 삼혜원에 오시는 분들을 확인하여 초청하였고요. 지금은 검색하면 바로 들어올 수 있게 해놨어요. 그런데 참여하고 싶어도 몰라서 못 들어오시는 분들도 있을 거예요. 삼혜원 홈페이지에 공지를 좀 부탁드리고 싶은데요. 해주실 수 있을까요?"

승희간호사는 냉큼 대답하지 못했다. 절차의 문제가 아니었다. 그 마음이 너무 고마워 그만 말문이 막힌 탓이었다.

듬직이에게는 삼혜원 식구들이 가족이었고, 세상의 전부였다. 그런 듬직이한테 전국 각지에 또 다른 가족이 생긴 것이었다.

듬직이는 사랑을 받기만 한 것이 아니라 저마다의 삶을 사는 사람들을 하나로 이어주는 다리 같은 존재였다. 듬직이 덕분에, 듬직밴드 회원들은 서로가 서로를 위로하고 힘이 되어주는 가족이 되었다.

＊＊＊

방송 이후, 5개월째 접어들 무렵인 10월 어느 날.

사무실로 전화가 한 통 걸려왔다. 듬직밴드 1기 회장님이 승희간호사를 찾았다.

"저희들이 사는 곳이 전국구이다 보니, 한 번 모이자고 하면서도 쉽지가 않더라고요. 마침 이달에 듬직이 생일이 있네요. 다 같이 여수에서 모이기로 했어요. 듬직이 생일파티를 하려는데, 어떠세요?"

"듬직이 생일파티는 삼혜원에서 우리 아이들과 함께 준비하고 있어요. 뜻이 있으신 분들은 다들 오세요. 함께 생일파티를 하면 저희도 좋죠."

"삼혜원으로 가면 좋긴 하지만, 선생님들이 힘드시잖아요. 그렇지 않아도 늘 애쓰시는데 저희들까지 끼어들 수는 없죠."

"아니에요. 저흰 정말 괜찮아요. 다른 아이들 생일파티도 친구들 초대해 삼혜원에서 자주 해요. 그러니 걱정 말고 오세요."

"그래도 그건 안 될 듯싶어요. 저희가 인원이 좀 많아요."

"몇 분이나 되시죠?"

"한 40명쯤은 될 거 같은데요."

"네? 40명이요?"

승희간호사는 순간 어안이 벙벙했다. 전국에 흩어져 있는 생면부

지의 사람들이 오로지 듬직이의 생일을 축하해주기 위해서 한 자리에 모인다니, 그것도 40명씩이나.

듬직밴드에서는 듬직이 생일파티를 직접 준비하겠다고, 정중하게 부탁했다. 모든 것을 밴드 회원들이 알아서 할 것이니 그저 맡겨만 달라고 했다.

2014년 10월 18일.

듬직밴드와 함께하는 생일파티의 날, 아침이 밝았다.

"듬직아, 생일 축하해. 오늘은 다른 생일날보다 아주 특별할 거 같네. 너도 기대되지?"

며칠 전부터 지성엄마가 계속 얘기해왔던 터인지라 듬직이도 잘 기억하고 있는 모양이었다. 온몸을 움직이며 즐거워했다.

오후가 되자 듬직밴드 회원들이 속속 여수에 도착했다는 연락이 왔다. 듬직이와 함께 어느 펜션으로 와달라는 메시지를 받았다. 방송 후 듬직이 일상을 궁금해하던 이모현 PD도 일정을 조정해 모처럼 삼혜원을 찾아왔다.

약속 장소인 펜션 입구에 정미희 회원님이 미리 나와 듬직이와 엄마들, 이모현 PD를 반겼다. 그리고는 방에 들어갈 때까지 듬직이는 안대를 해야 한다는 거였다.

"정말 깜짝 생일파티네. 듬직이는 너무 좋겠네."

'세상에 이런 일이⋯⋯.'

삼혜원 엄마들은 방안의 풍경에 그만 입이 벌어졌다.

방을 가득 채운 사람들이 어둠 속에서 촛불을 하나씩 들고 서 있었다. 듬직이가 안대를 풀자 일제히 생일 축하 노래를 불렀다.

"생일 축하합니다. 사랑하는 듬직이. 생일 축하합니다."

노래는 이 세상 어느 합창보다 아름답게 울려 퍼졌다. 그 마음 씀씀이에, 그 정성에 엄마들은 가슴이 뭉클해 더듬거리며 겨우 노래를 따라 불렀다.

노래가 끝나자 홍희전 회원님이 다섯 개의 초가 꽂힌 커다란 케익을 들고 나타났다. 듬직이 앞에 케이크가 놓였다.

"듬직아. 생일 축하해."

밴드 회원들 손에 들린 촛불, 케이크의 촛불이 한데 어울리며 일렁거렸다. 모든 사람들이 한 호흡, 한 몸짓으로 마치 춤을 추는 것 같았다.

케이크의 촛불을 끌 차례가 되고 모두 듬직이 주위로 모였다.

듬직이가 촛불을 향해 후~욱, 하고 불었다. 그러나 초는 꺼지지 않고 잠시 흐느적거릴 뿐이었다.

순간 모두의 동작이 멈췄다. 숨소리조차 들리지 않았다.

복부의 힘이 약해 입으로 바람을 부는 것이 힘든 듬직이었다. 목을 잘 가누지 못해 방향을 제대로 맞추는 것조차 어려웠다.

당황한 듬직이를 위해 모두가 손뼉을 치면서 응원했다.

듬직이가 용기를 내 재차 후~욱, 입김을 불었다. 여전히 꺼지지 않는 케이크의 초.

무슨 말도 어떤 행동도 할 수 없는 시간이 케이크의 초와 함께 타들어 가고, 사람들의 마음도 타들어 갔다.

모두가 멈췄다. 소리는 오직 듬직이의 움직임에서만 나왔다. 얼굴은 벌겋게 상기되었고, 몸은 더욱 경직이 돼 듬직이는 매우 힘들어했다.

승희간호사가 듬직이 손을 잡았다.

"듬직아. 할 수 있어. 많이 해봤잖아. 듬직아, 다시."

숨을 고른 듬직이가 전력을 다해 불었다. 이번에는 세 개의 초가 꺼졌다. 모두가 함성을 질렀다.

"임듬직! 임듬직! 임듬직!"

모두 한 목소리로 듬직이의 이름을 부르며 응원했다. 이제 초는 거의 타 밑동만이 남았다. 다시 초를 향해 입김을 부는 듬직이.

"후~~~~~~~~~~~~~욱."

드디어 남은 두 개의 촛불도 꺼졌다.

와, 하는 함성과 함께 폭죽이 터지고 박수와 노래가 다시 울려퍼졌다.

다섯 살 생일을 맞이하기까지 너무 힘이 들었던 걸까. 듬직이의 눈에 그렁그렁 눈물이 맺혔다.

불이 켜지고 모두가 듬직이에게 격려와 사랑을 표현했다.

손을 잡거나 등을 두드리거나 머리를 쓰다듬으며, 어떻게 해서라도 듬직이와 살을 맞대고 싶은 사람들이었다.

성인 24명, 아이들 15명.

모두가 다 들어갈 수 있는 커다란 펜션이었다. 거실 한 가운데 놓인 기다란 상에는 그야말로 다리가 부러질 정도로 정성 가득한 음식들이 차려졌다.

삼혜원 엄마들 눈에는 이 모두가 기적처럼 느껴졌다.

각자 자신의 삶을 살기에도 바쁜 요즘 시대에 뇌병변 장애아동을 위해 1박 2일의 시간을 내어 모였다. 누군가 알아주기를 바란 행동도 아니고 설사 외면해도 탓할 수 없는 관계였다. 그럼에도 기꺼이 서울, 부산, 광주, 군산, 심지어 강릉에서 달려온 것이었다.

누구는 오늘을 위해 연차를 쓰고, 또 누군가는 어제부터 내려와 하루 종일 음식을 마련했다. 군산에서 온 회원은 지역의 유명한 빵집에서 어마어마하게 많은 양의 빵을 구입해 왔다. 듬직이의 얼굴이 새겨진 텀블러를 직접 제작해 회원들과 나눈 이도 있었다.

식사 시간 내내 마치 오래 사귄 사람들이 모처럼 만난 듯 이야기가 이어졌다. 듬직이를 중심으로 가리고 꾸밀 것 없는 사이가 되어버렸다.

"자, 지금부터 생일선물 전달식이 있겠습니다."

사회를 맡은 회원의 말에 사람들이 분주히 움직였다. 곧이어 듬직이를 향해 마치 열병식에 참석한 병사처럼 일렬종대로 줄을 맞춰 섰다.

차례대로 듬직이에게 선물을 전달하고 사진을 찍었다. 흡사 인기 아이돌 그룹의 생일파티 때 팬들이 선물을 전달하는 광경을 보고 있는 듯했다.

예상하지 못한 호사를 누리고 있는 탓일까, 듬직이 얼굴에 미소와 함께 긴장한 빛이 엿보였다. 듬직밴드 회원들에게 듬직이는 인기 아이돌 못지않은 빛나는 스타였다.

선물도 회원들끼리 미리 입을 맞추기라도 한 것처럼 다양했다. 고급 브랜드의 옷부터 최신 유행하는 로봇 장난감 세트, 재활에 필요한 치료기구들까지.

그중 단연 돋보이는 선물은 사진첩이었다.

오늘 함께 자리하지 못한 회원들이 듬직이에게 하고 싶은 말을 스케치북에 적어 사진을 찍은 후 밴드 회장에게 미리 전달하였다. 그 사진들과 그동안의 듬직이 사진을 함께 모아 사진첩으로 만든 것이었다.

사진첩을 받아든 삼혜원 엄마들은 아무 말도 하지 못했다. 가슴속에선 무수한 말들이 아우성을 쳤지만 눈가에 맺히는 눈물만 연신 손수건으로 닦아냈다.

이렇게 받은 사랑을 어떻게 갚을 수 있을까. 이 고마운 마음을 어떤 말로 표현할 수 있을까.

엄마들은 그저 벅찬 눈물을 흘리기만 했다.

엄마들의 마음을 아는지 모르는지, 듬직이는 자신을 만나러 온 누나와 형들 속에서 연신 웃음꽃을 피웠다.

그렇게 울고 웃으며 생일파티가 끝났다. 그러나 마음의 울림은 끝나지 않았다. 아주 오랫동안 긴 여운으로 남아 있을 울림이었다.

삼혜원으로 돌아오며, 듬직이는 피곤했는지 잠이 들었다.

승희간호사와 이모현 PD는 오늘의 일들에 대해 이야기를 나눴다.

이모현 PD도 좀처럼 믿기지 않는 모양이었다.

"어떻게 이런 일이 있죠?"

곧 스스로 이유를 찾아낸 듯 이모현 PD는 말을 이었다.

"기적 같은 일이네요. 모두 선생님들 덕분이에요. 그렇게 열심히 듬직이를 위해서 일하시고 마음 써줬기에 가능했어요. 삼혜원 엄마들

같은 분들이 듬직이 옆에 있어서 정말 다행이에요."

"저희는 당연한 일을 했고요. 기적은 듬직이가 만들었어요."

승희간호사의 진심이었다. 삼혜원 엄마들 모두의 마음이기도 했다.

우리 모두가 믿지 않았다. 아무것도 없을 것 같은 이제 겨우 다섯 살짜리, 그것도 장애를 가진 아이 한 명에서 시작된 일이었다. 결코 기대도 짐작도 할 수 없었던 기적 같은 일이 오늘 일어났다.

그 많은 사람들이 한 아이를 보기 위해, 그 아이의 생일을 축하하기 위해 이렇게 모이리라고 누가 감히 상상이나 했겠는가.

듬직이의 탄생이 비록 축복받지 못했다 할지라도 그 삶마저 그러하리라는 법은 없다. 자신의 삶을 스스로 만들어 가는 듬직이가 자랑스럽다.

그리고 그 곁에 바로 우리가 있다.

때로는 우산을 들어주기도 하고, 때론 함께 비를 맞아줄 수 있는 우리가 있다.

3장. 언젠가는

그렇게 키운 듬직이다.
그렇게 엄마들의 눈물을 먹고 자란 듬직이다.

1. 보톡스 치료, 더 열심히 하래요

MBC '꽃보다 듬직이' 방송 후 전국에서 듬직이 후원자가 많이 생겼다. 사람들의 사랑을 듬뿍 받게 되었고, 여러 가지 좋은 일들이 많았다. 그 중에서도 분당 서울대병원 정진엽 교수에게 정기적으로 진료를 받게 된 것은 듬직이 인생의 전환점이 될 일이었다.

전남 여수에서 분당까지 자동차로 편도 다섯 시간, 비행기를 타도 김포공항에서 장애인 전용 콜택시를 타고 한 시간이 넘게 가야 하는 먼 거리였다.

장거리 진료 자체가 힘들고 어려운 일이었다. 하지만 삼혜원에서는 듬직이의 미래를 위해 그 수고를 감당하기로 했다.

2014년 가을, 정교수는 보톡스 시술을 권유했다.

흔히 보톡스 시술이라고 하면 성형외과부터 떠올리지만 사실 뇌병변 장애아동의 치료 방법으로도 널리 사용되고 있다. 안전하고 부작용이 없으며 통증은 적고 다른 치료와도 병행할 수 있어 유용하다.

듬직이는 양쪽 발의 인대에 문제가 있어 발뒤꿈치를 땅에 제대로 딛지 못했다. 걷는 연습을 위해서는 발의 인대를 늘려줘야 했다. 정교수가 보톡스 시술을 권한 이유였다.

이번 보톡스 시술은 지성엄마가 맡아 수고하기로 했다.

2014년 11월 23일 오전 비행기로 지성엄마는 듬직이와 함께 서울로 출발했다. 김포공항에 도착하니 이모현 PD가 기다리고 있었다.

분당 서울대병원까지는 이모현 PD 차량으로 이동하였다. 입원 수속을 도와주고 입원실까지 와서 불편한 점은 없는지 요모조모 살펴보는 이PD. 듬직이가 좋아하는 과자까지 한아름 사와서 안겼다.

사람의 관계도, 그 관계를 잇는 인연의 끈도 참으로 묘하다.

촬영을 마친 지는 한참 전이었다. 높은 시청률로 방영까지 성공리에 끝냈다. 이PD로선 업무의 목표를 이룬 셈이었다. 그런데도 듬직이를 비롯한 삼혜원과 맺은 인연의 끈을 놓지 않았다.

이모현 PD는 참 어지간한 사람이었다. 그 어지간한 사람들 덕분에 세상은 여전히 살 만한 곳이었다.

이번에도 어김없이 듬직밴드 회원들이 와주었다.

다음 날은 하루 종일 검사를 하는 날이었다. 듬직이를 보고픈 마음에 아침부터 권회정 님이 찾아와 주었다. 그 뒤를 이어 정미희 님, 임현진 님, 정유경 님, 지윤맘 님, 머리한엄마 님, 대학생 님, 임희정 님, 라모 님 등이 많은 선물꾸러미와 함께 듬직이를 찾았다.

미희 님과 회정 님은 듬직이의 검사 내내 같이 했다. 듬직이를 사랑하는 마음을 그대로 느낄 수 있는 분들이었다.

덕분에 듬직이 검사는 순조롭게 진행되었다. 담당의사 선생님이 다음날 아침 일찍 시술을 마치면 깁스를 하고 퇴원할 거라고 말했다.

저녁 늦게 일산에서 김미진 님도 찾아왔다. 잠깐 동안 듬직이와의 눈맞춤을 위해 이토록 많은 분들이 애를 써주었다.

모두가 듬직이를 위로하고 격려했고, 듬직이도 생글생글 웃는 모습을 보여주었다.

다음날 8시, 듬직이는 보톡스 시술을 받으러 수술실로 들어갔다. 그런데 한 시간이 조금 넘어 수술실에서 나온 듬직이의 모습은 너무나 심각했다.

발목부터 허벅지까지 온통 깁스를 하고 있었다. 발목과 발목 사이에는 막대기를 대어 다리가 움직이지 못하게 고정을 시켜놓았다.

듬직이의 모습과 마주한 지성엄마와 권회정 님, 정미희 님 모두 눈시울을 붉혔다. 마취가 덜 깬 듯한 듬직이도 불편함을 많이 느끼는 표정이었다.

"세상에 깁스를 한다고 했지 이렇게 양쪽 다리를 다 하고, 더구나 움직이지 못하게 가운데다 각목을 대다니……."

정미희 님의 말에 지성엄마가 길게 한숨을 토해냈다.

"저도 이렇게까지 깁스를 하리라고는 몰랐어요."

입원실에 들러 마취 부작용인 가래를 완화시키고 물건들을 챙겨 김포공항으로 가야했다. 공항까지는 당연하다는 듯이 이모현 PD와 밴드 회원들이 동행했다.

공항에 도착했을 때 지성엄마의 전화가 울렸다.

"듬직이 지금 공항에 있어요? 저는 이제 막 공항에 도착했어요."

광주의 김은수 님이었다. 삼혜원 홈페이지로, 듬직밴드로 듬직이의 움직임을 실시간으로 확인하던 중 아무래도 공항에서라도 듬직이의 얼굴을 봐야겠다는 생각이 들어 광주에서 무작정 비행기를 탔단다.

공항에서 만난 김은수 님은 듬직이의 손을 잡고 연신 쓰다듬었다.

"듬직아, 보고 싶었어. 어휴, 네 모습 너무 험하다. 그래도 듬직아 잘 이겨내. 항상 응원할게, 듬직아, 힘내! 파이팅, 임듬직!"

김은수 님의 말과 표정에는 듬직이에 대한 사랑이 오롯이 담겨 있었다. 깁스 때문에 힘들어 하던 듬직이도 이때만큼은 환하게 미소를 지었다. 듬직이와 김은수 님의 모습을 바라보며 모두가 사랑에 대해 다시 한 번 생각하는 순간이었다.

김은수 님은 듬직밴드 회원들과 간단한 저녁 식사를 마치고 다시 광주로 버스를 타고 내려갔다.

이모현 PD와 듬직밴드 회원들의 환송을 받으며 공항을 나설 때, 지성엄마는 듬직이에게 속삭였다.

"듬직아, 너는 무슨 복이 이리도 많아? 너는 정말 행복한 아이야!"

시련을 이기는 방법이 용기라면, 그 용기는 홀로 각오해서 될 일이 아니었다. 사람과 사람이 더불어 함께할 때 비로소 가능했다. 이모현 PD와 밴드 회원들이 보여준 모습 그대로.

그리고 그러한 모습을 우리는 사랑이라 말한다.

어렵사리 비행기를 타고 여수공항에 내렸다.

깁스로 다리가 뻣뻣한 듬직이를 휠체어에 태우고, 짐을 찾는 곳까지는 항공사 직원의 도움으로 잘 왔다. 가방과 유모차를 찾아 듬직이를 유모차에 옮기려는데 지성엄마의 힘으로는 엄두가 나지 않았다.

휠체어와 유모차를 바라보며 난감한 표정을 짓는 지성엄마. 저만치 가던 항공사 직원이 다시 돌아와 듬직이를 번쩍 안아 유모차에 옮겨 태웠다. 그리고는 꾸벅 인사를 했다.

"고맙습니다."

고마운 건 이편인데, 도리어 고맙다니. 잘못 듣기라도 한 걸까.

"무슨 말씀이신지?"

"그냥요. 고마워서요. 편히 가세요."

항공사 직원은 재차 허리 숙여 인사를 하고 서둘러 멀어졌다.

지성엄마는 뭉클 저려오는 가슴으로 뒷모습을 바라보았다.

세상이 아름다운 건, 누군가를 향해 내미는 손길 때문이었다. 소리 치지 않고, 어깨에 힘주지 않은 채 가만히 내미는 따뜻한 손길이 아직 남아 있기 때문이었다.

한숨을 돌린 지성엄마는 가방을 메고 또 다른 가방을 들고 듬직이 의 유모차를 밀면서 공항을 나섰다. 승희간호사가 마중을 나와 기다 리고 있었다.

듬직이의 깁스를 한 모습에 승희간호사도 놀란 표정이었다. 손님들 은 대부분 가고 텅 빈 공항에서 승희간호사는 궁금해했고, 지성엄마 는 병원에서의 일들을 설명했다.

2박 3일을 무사히 마치고 내려온 고마움과 안도감, 듬직이를 향한 안쓰러움이 뒤섞여 두 사람은 눈시울을 붉혔다.

그렇게 키운 듬직이다.

그렇게 엄마들의 눈물을 먹고 자란 듬직이다.

＊＊＊

깁스를 하고 있는 기간은 듬직이에게 정말 천국이었다.

갑갑하고 불편하긴 했지만 엄마들이 항상 옆에 붙어 있었다. 그런 만큼 듬직이는 엄마들을 독차지할 수 있는 특권을 맘껏 누렸다.

듬직이의 천국은 3주 만에 끝이 났다. 깁스를 풀고 나서는 본격적인 재활 치료가 시작되었다.

다시 순천 성가롤로병원을 다녔다. 소아 물리 치료를 받고 주 2회 언어 치료와 작업 치료를 병행했다.

보톡스 시술은 시술 후 재활 치료가 훨씬 더 중요하다고 했다. 승희간호사를 비롯한 엄마들은 듬직이 재활 치료에 집중했다. 일주일에 세 차례의 병원 물리 치료는 기본이었고, 아침부터 잠들 때까지 시간 나는 대로 듬직이를 위해 스트레칭을 했다. 엄마들도, 듬직이도 정말이지 최선을 다했다.

보톡스 시술 후 3개월이 지나 분당 서울대병원에서 재진료가 있는 날이었다.

그동안 얼마나 좋아졌을까. 시술 후 처음으로 상태를 점검하는 터라 승희간호사는 많이 긴장했다. 부디 좋은 소식이 들리길 기대했다.

"인대의 긴장도는 많이 떨어졌네요. 재활 치료를 더 열심히 해야겠어요. 강직성이 떨어지면 몸을 지지해주는 힘도 없어져 재활 치료를 통해 근력을 키워야 합니다. 그런데 지금 듬직이 상태는 몸에 힘이 너무 없어요. 더 열심히 해야겠어요."

주치의는 듬직이를 향해 덧붙였다.

"듬직아. 너 꾀부리지 말고 치료 더 열심히 해. 알았지?"

승희간호사는 그 자리에서 멍하니 서 있었다. 어디선가 날아온 돌멩이에 뒤통수를 호되게 얻어맞은 기분이었다. 그리고 가슴 저 깊은 곳에서 치밀어 오르는 감정과 마주해야 했다.

멀어진 주치의를 다시 불러 세우고 싶었다. 따져 묻고 싶었다.

'이게 무슨 소리인가. 얼마나 열심히 치료를 했는데, 이보다 더 열심을 내야한다니. 아니 어떻게 더 열심히 하란 말인가.'

물론 주치의 지적이 비난이 아니라는 것을 알고 있었다. 그래도 섭섭했다. 갑자기 한계와 마주한 느낌이었다.

승희간호사는 듬직이를 바라보았다.

'듬직아, 우리 정말 열심히 했잖아. 너도 잘 알지? 그런데 부족했대. 더 열심히 해야 된대. 듬직아, 지금보다 훨씬 더 열심히……'

승희간호사의 침통한 속내를 알아차린 것일까, 듬직이가 마치 위로를 하듯 웃었다.

그래 웃자. 다짐하면서도 듬직이 어깨 너머 최선을 다해온 삼혜원 엄마들의 얼굴이 떠올랐다.

삼혜원에 들어서자, 재진료 소식을 기다렸던 엄마들이 물었다.

"뭐래요?"

"좋아졌대요?"

쏟아지는 질문에 승희간호사는 누구에게도 시선을 주지 않은 채 말했다.

"더 열심히 하래요. 더 열심히."

깊은 물속에 가라앉은 듯 엄마들은 침묵에 휩싸였다. 침통함과 안타까움을 누구도 섣불리 입 밖으로 꺼내지 않았다.

영원히 이어질 듯한 침묵을 깨고 지성엄마가 울음을 삼키며 말했다.

"그래요. 더 열심히 해봅시다."

지성엄마의 선언이 아니더라도 다른 엄마들 역시 각오하고 있었다.

주어진 선택은 어차피 하나였다. 그러기 위해 이제껏 달려왔고, 그러기 위해 앞으로도 달려가야 했다.

더 열심히…….

2. 엄마들도 힘들고 지칠 때가 있다

2015년, 봄이 다시 찾아왔다.

듬직이는 여명학교 유치부를 다니고 있었다.

작년에 촬영이 한창일 때 은서와 예은이는 가까운 유치원으로, 듬직이는 많은 고심 끝에 공립 특수학교인 여명학교 유치부로 가기로 했다. 장애가 심해 1년간 재택수업을 하던 듬직이가 올해부터는 여명학교로 등하교를 했다.

태현이만 집에 남고 다른 아이들은 아침마다 삼혜원을 나서 유치원과 초등학교로 갈라졌다.

은서나 예은이는 삼혜원 앞까지 오는 유치원 차량에 태워주면 되었다.

듬직이는 달랐다. 통학버스가 대형인지라 삼혜원 앞 좁은 골목길로 들어오지 못했다. 듬직이를 안고 승용차에 태워 큰길까지 나가 통학버스에 태워야 했다.

매일 카시트를 옮기기가 불편해 고심 끝에 하나 더 사서 아예 통학버스에 듬직이의 지정석을 만들었다.

하교 때는 거꾸로 했다. 매일 두 차례, 일주일에 열 번 듬직이를 안고 승용차에 태워 통학버스 있는 곳까지 오가는 수고를 엄마들은 기꺼이 감당했다.

일주일에 세 차례 가는 순천 성가롤로병원 치료 시간은 듬직이의 등하교로 뒤로 미뤄졌다. 병원에 가는 날에는 그날 담당 엄마가 통학버스에서 내리는 듬직이를 바로 승용차에 태워 순천으로 달려갔다.

듬직이도 나름 꽤 바빴다. 월, 수, 금은 순천 성가롤로병원에 가야 했다. 화, 목은 언어 치료와 작업 치료를 받았다. 일주일에 두 번 저녁 식사 후에는 빨간펜 학습 지도를 받았다.

학습 지도는 듬직이의 미래를 위해서 듬직밴드 회원들이 회비로 마련해준 선물 같은 시간이었다. 그 마음을 알기에 엄마들은 아무리 바빠도 소홀히 여길 수 없었다.

주말에는 삼혜원에서 진행하는 나들이 프로그램이 기다리고 있었다. 듬직이는 다른 아이들과 함께 오동도, 돌산도를 비롯해 여수 근교의 가볼 만한 곳을 찾아다녔다.

그렇게 숨가쁘게 하루하루를 지내면서 계절도 함께 흘러 여름이 막바지에 이르렀다.

이번 토요일은 웅천해수욕장에 놀러 가는 날. 유치부와 초등학교

저학년 아이들 10여 명이 일찌감치 길을 나섰다.

아직 늦더위가 가시지 않아 바닷물은 아이들이 놀기에 적당한 온도였다.

아이들은 물을 좋아했다. 바닷물이 입안에 들어가는 것도 아랑곳하지 않은 채 마음껏 즐기며 놀았다.

지성엄마가 듬직이를 안고 얕은 곳에 들어가자 파도가 밀려와 듬직이를 적셔 주었다. 듬직이는 온몸에 힘을 주며 즐거움을 표시했다.

듬직이가 즐거워하는 모습을, 엄마들은 내내 흐뭇하게 지켜봤다. 반갑고 고마웠다. 일상의 대부분을 치료의 고통 속에서 지내야 했기에 이때만이라도 맘껏 즐길 자격이 차고도 넘치는 듬직이였다.

웅천해수욕장에서 베네치아 레스토랑으로 이동했다.

여수 시내 식당 예닐곱 곳은 매달 삼혜원을 후원했다. 한 달에 한두 번, 혹은 매주마다 삼혜원 아이들을 초대해 식사를 제공했다. 10년 넘게 지속적으로 후원을 해주고 있는 고마운 식당들이다. 중국집은 삼호반점, 일등반점, 라이라이, 고깃집은 형제갈비, 설렁탕은 우사골 등 종류도 다양했다. 그중 베네치아 레스토랑은 고급 뷔페식당으로 매주 토요일마다 아이들을 초청했다.

베네치아 레스토랑은 음식이 종류별로 많고 맛도 좋아 아이들에게 인기가 높았다.

아이들은 식당에 가는 날이면 작정이나 한 것처럼 정말 많이 먹었다. 처음에는 동행한 엄마들이 식당 사장님께 미안해 낯을 들 수가 없을 정도였다.

한번은 10여 명의 삼혜원 중·고등부 남자아이들이 고깃집을 찾았다. 너무 많이 먹어 엄마들을 민망하게, 삼혜원을 부끄럽게, 사장님을 당황하게 만들기도 했다. 다행히 사장님들 모두 아이들의 마음을 잘 헤아려 전혀 부담 없이 먹을 수 있게 배려해주었다.

삼혜원에서도 아이들이 잘 먹을 수 있도록 최대한 노력을 했다. 배가 고프면 마음마저 텅 빈 느낌에 사로잡히는 아이들이었다. 먹거리는 늘 풍족하게 준비했고, 각 생활방의 냉장고에도 간식거리를 가득 채워놓곤 했다.

그래도 아이들은 늘 목말라하고 배고파했다. 아무리 많이 먹어도 부모에게 받지 못한 사랑과 그리움은 채워지지 않는 아이들이었다.

오늘은 물놀이를 해서인지 아이들이 평소보다 더 많이 먹었다.

듬직이도 좋아하는 피자, 스파게티, 치킨 등을 실컷 먹고 만족스러운 미소를 지었다.

엄마들은 아이들 시중에 제대로 먹지 못했다. 그래도 아이들 입에 들어가는 밥 한술, 고기 한점으로 자신의 배는 이미 부른 듯했다.

＊＊＊

2015년 가을이 깊어갈 즈음, 듬직이를 돌보는 삼혜원 엄마들은 점점 지쳐갔다.

돌보는 일이 힘겨워서가 아니었다. 꾸준한 재활 치료에도 불구하고 듬직이에게 별다른 변화가 보이지 않았다. 바로 그 점이 엄마들을 지치게 만들었다.

듬직이의 재활이 쉽지 않다는 점은 익히 알고 있었다. 조바심을 내지 않고 천천히 나아가기로 각오했다. 그럼에도 문득문득, 아무리 애를 써도 빠져나올 길 없는 미로 속을 헤매는 기분이 들었다.

다른 아이들의 부쩍 성장한 모습은 듬직이의 현재를 돌아보게 했다. 그러지 말아야지, 그래선 안 된다고 마음먹으면서도 자꾸 비교하게 되었다.

삼혜원 아이들은 거침이 없었다. 집이 떠나갈 듯이 뛰어놀았다. 거실이나 방안에서도 온갖 놀이를 즐겼다.

반면 듬직이는 재활 훈련을 받을 때를 제외하고는 대부분 누워 지내거나 보조의자에 앉아 있어야 했다. 그러다 마구 뛰어다니는 아이들에게 밟히거나 걷어차이는 일도 종종 발생했다.

아이들에게 부탁도 하고 제지도 해보았다. 대답은 냉큼 잘했지만 그때뿐이었다.

아이는 놀이를 통해 배우고 큰다. 놀이는 아이가 마땅히 누려야 할 권리다.

그러므로 아이들을 탓할 일이 아니었다. 오히려 듬직이 때문에 아이들이 위축될까 걱정이었다.

이래저래 마음 졸일 일이 많은 엄마들이었다.

우당탕, 하는 소리와 함께 날카로운 외마디 비명이 거실에서 들려왔다. 저녁 준비를 하던 현정엄마가 거실로 뛰쳐나왔다.

바닥에 뒤집힌 채 있는 보조의자, 그 의자와 함께 모로 쓰러진 듬직이, 놀란 낯으로 서 있는 태현이.

듬직이가 현정엄마를 보자 서럽게 울기 시작했다. 태현이도 입술을 삐죽거리며 당장이라도 울음을 터뜨릴 기세였다.

현정엄마는 듬직이부터 살폈다. 다행히 왼쪽 무릎이 벌겋게 달아오르긴 했지만 달리 다친 곳은 없었다.

그날 밤 현정엄마는 폭, 한숨을 토해내며 지성엄마에게 물었다.

"우리, 듬직이한테 잘하고 있나요?"

"뜬금없이 왜 그래요?"

"열심히 한답시고 하는데 도무지 나아지는 것 같질 않아서요."

"처음 삼혜원에 왔을 때를 생각해 봐요. 놀랍지 않나요?"

사실이었다. 펴지지도 않는 팔꿈치는 옆구리에 착 붙은 채였다. 등은 강직이 심해 마치 나무껍질처럼 딱딱했다. 단절음의 말조차 입 밖으로 내지 못했다. 목도 전혀 가눌 수 없는 상태였다.

듬직이가 많은 발전을 보인 것은 사실이다. 하지만 매일매일, 일주일, 한 달 단위로 듬직이를 비교해 보았을 때 그 변화는 너무나 미미했다.

낮에 벌어진 일 때문에 현정엄마는 못내 마음이 편치 않은 모양이었다.

"여기까지가 우리가 할 수 있는 한계라는 생각이 자꾸 드네요."

어찌 현정엄마만의 생각이겠는가.

듬직이를 사랑하고, 최선을 다하고 있다고 자신해왔다. 그러나 불쑥 듬직이의 미래를 생각하면 자신감이 점점 옅어졌다.

현정엄마는 고개를 돌려 창문 너머 어둠에 깃든 하늘을 바라보았다.

정말이지 최선을 다하는 것만으로는 부족할지 모른다.

한계를 인정하고, 더 나은 길을 찾아주는 것이 옳은 일인지도······.

3. 새로운 둥지를 찾아서

"안 됩니다. 보낼 수 없어요. 어떻게 키운 듬직이인데, 절대 안 돼요."

지성엄마는 단호한 목소리로 말했다. 벌겋게 달아오른 얼굴로 연신 고개를 흔들었다.

그동안 듬직이를 장애인 거주 시설인 동백원으로 보내자는 의견이 있었다. 처음에는 찬성과 반대가 팽팽히 맞섰다. 시간이 지날수록 찬성 쪽으로 기울었다.

더는 미룰 수 없어 회의를 소집해 정식 안건으로 올렸다.

원장이 주위를 둘러보며 말했다.

"우리가 할 수 있는 일과 할 수 없는 일을 분명히 인정해야 합니다."

"우린 가족이에요. 여기서 그만둘 수는 없어요."

지성엄마는 결국 울음을 터뜨렸다.

쉽지 않은 결정이었다. 지성엄마 말대로 어떻게 키운 듬직이던가.

더러는 지성엄마를 따라 눈물을 흘렸고, 또 더러는 깊은 한숨만 내쉬었다.

긴 침묵 속에서 회의는 중단되었다.

결론을 맺지 못한 회의는 며칠 후 다시 열렸다.

"듬직이는 삼혜원이 집이에요. 갓난아이 때부터 자랐고 친구들도 모두 여기 있어요."

지성엄마의 주장은 지난번보다 힘이 많이 빠진 상태였다. 며칠 사이 얼마나 괴로워했을까. 그런 지성엄마가 사무국장은 안쓰러웠다.

"그동안 우리는 최선을 다해 듬직이를 키웠어요."

뇌병변 장애를 가진 갓난아기로 만났다. 혼자서는 아무것도 할 수 없는 아기였다. 잔병치레는 유난히 많았다. 이제는 잠시나마 서 있을 수도 있다. 병원 가는 횟수도 현저히 줄었다.

이 모든 것은 삼혜원 엄마들의 헌신적인 노력이 있었기에 가능한 일이었다. 누구도 부정할 수 없는, 아무도 의심치 않는 명백한 사실이었다.

"하지만 이젠 때가 되었다고 생각합니다. 듬직이에게 더 많은 기회를 줄 필요가 있어요."

지성엄마가 낮게 속삭이듯 말을 받았다.

"그래도……."

"듬직이도 다섯 살이 되었어요. 이제부터 더욱 집중적으로 체계적인 치료를 받아야 해요. 동백원은 치료사들이 있어 가능하지만 우리는 어렵잖아요."

"그래도…….”

듬직이의 현실을 모를 리 없는 지성엄마는 고집을 부리고 있었다. 정확히 말해, 듬직이를 향한 애착을 떨쳐내기가 어려운 것이었다.

아동 양육시설인 삼혜원의 한계는 분명히 있었다.

동백원에는 물리 치료사는 물론 언어 재활사, 작업 치료사가 상주했다. 장애인의 재활 치료를 보다 전문적으로 수행하고 있기에 성장기 듬직이에게는 동백원에서의 생활이 절실하고도 올바른 선택이었다.

"듬직이를 위해서 결정해야 합니다."

듬직이를 위해서, 라는 말에 지성엄마는 더는 버틸 재간이 없었다.

그 후로도 회의는 여러 차례 이어졌고, 마침내 동백원으로 보내기로 결정했다.

그날 현정엄마가 듬직이에게도 사실을 말했다. 비록 어른들의 결정이었고 돌이킬 수 없었지만 듬직이도 미리 알고 있어야 마땅했다.

"이제 듬직이는 동백원에서 살 거야."

듬직이는 지난 해 촬영 때 동백원에서 며칠 지내본 경험이 있었다.

"동백원에서 살아도 괜찮겠어?"

"아."

듬직이는 외마디 말을 토해놓고는 웃었다. 현정엄마의 쓰라린 속을 아는지 모르는지 웃기만 했다.

전원을 고민하기 시작한 시점에 다행히 동백원에 듬직이를 받아줄 빈자리가 있었다. 전원이 결정된 후 듬직이의 전원 과정은 일사천리로 진행되었다.

동백원에 필요한 듬직이의 모든 기록을 스캔하고 인쇄하여 준비했다. 최종적으로 여수시에 보고하여 전원에 대한 승인을 받았다.

***

삼혜원에서의 마지막 날이었다.

온 가족이 둘러앉아 듬직이를 위한 조촐한 송별회를 열었다. 초코파이를 높이 쌓아놓고 듬직이의 미래를 축복했다.

다른 방의 형들과 누나들도 듬직이에게 이별의 인사를 했다.

잘 지내라고, 건강하라고, 빨리 걷게 돼 삼혜원에 놀러오라고.

은서는 듬직이를 꼭 껴안고 울면서 뽀뽀를 해주었다.

송별회가 끝나자 엄마들은 거실에 모였다.

거실 한쪽에 듬직이가 가져갈 짐이 산처럼 쌓여 있었다. 한 아이의 짐이 이렇게 많을 줄 몰랐다. 따지고 보면 그럴 만도 했다. 삼혜원에서 지낸 듬직이의 세월이 고스란히 담겨 있었다.

"저 많은 짐들을 보니까 진짜로 가나 보네."

서운함이 깃든 한 엄마의 말이었다. 시작이었고, 삼혜원에서 보낸 시간들이 줄줄이 이어졌다.

"듬직이 처음 왔을 때 한숨밖에 안 나왔지. 저 아이를 어찌 키울 수 있을까, 하고."

"정말 힘들었죠. 다른 아이 서너 명보다 더 많이 손이 갔으니까."

"난 듬직이 똥꼬에서 똥을 파낼 때가 제일 괴로웠어. 기억나? 듬직이 변비 때문에 우리가 얼마나 고생했는지?"

"듬직이 성질부릴 때가 더 힘들었어. 밥이나 간식을 조금만 늦게 주면 울고불고 어찌나 성질을 부리던지."

"질투는 또 얼마나 심했다고. 내가 예은이 좀 안아주면 입을 삐쭉거리며 쩨려보는데 정말 어이가 없었다니까."

"아이고, 듬직이의 잔병치레는 어땠고? 소아과, 이비인후과는 아주 단골이었고, 항장외과, 피부과…… 안 다녀본 병원이 없을 거야."

"성가롤로병원도 일주일에 세 번씩 다녔잖아요."

"맞아. 고물 마티즈로 순천까지, 우리 참 열심히도 다녔지."

"보톡스 시술로 분당 서울대병원 다녀올 때 진짜 힘들었어요. 몸은 그렇다고 치고, 마음이 얼마나 아팠는지 몰라요."

이야기는 끝없이 이어졌다. 듬직이를 떠나보내는 게 안타깝고 서운한 엄마들이었다.

"듬직이가 크면 우리를 기억할까?"

"기억 못 하면 안 돼! 우리가 지를 어떻게 키웠는데……."

우리가 지를 어떻게 키웠는데, 라는 말에 엄마들은 참았던 눈물을 기어코 터뜨리고 말았다.

눈물로 키운 아이를 눈물로 떠나보내야 하는 날이 밝아오고 있었다.

이튿날, 동백원에서 영란엄마와 진희엄마가 듬직이를 데리러 왔다.

옷, 듬직이가 좋아하는 장난감, 보조기구 등 듬직이에게 딸린 짐들이 너무 많았다. 엄마들이 모두 마당에 모여 차에 짐을 실었다.

엄마들은 차마 듬직이를 제대로 쳐다보지도 못했다. 반면 듬직이는 서운할 만큼 담담한 표정으로 주위를 두리번거릴 뿐이었다.

야속한 녀석, 잘 가거라.

이별은 짧을수록 좋다고 했던가. 마지막 인사는 짧게 끝났다.

듬직이를 태운 차가 골목을 빠져나갔다.

엄마들은 골목 끝을 오래오래 바라보았다.

이별, 한없이 가슴 시린 이별이었다.

그렇게 듬직이는 떠났다.

2011년 8월 입소, 2015년 11월에 퇴소.

4년 3개월을 듬직이는 삼혜원에서 살았다.

한 식구로, 엄마들의 아들로.

2부 | 동백원 엄마들

듬직이가 나무라면, 동백원은 새로이 뿌리내릴 땅이었다.

1장. 사랑을 안고 희망으로

오늘의 모습만 사랑하는 일은 쉽다.
그러나 내일까지 바라보며 사랑하는 일은 힘겹다.
때로는 상대가 원치 않는 방법으로도 사랑해야 하기 때문이다.

1. 새로운 시작

 잘 생겼다.

 한 번 보면 홀딱 반한다는 주위의 평을 인정할 수밖에 없다. 그러나 영란엄마는 다른 의미로 반했다.

 이제껏 심각한 장애를 안고 살아온 아이였다. 과거와 현실을 제대로 인식하지 못했을 나이라고 쳐도 상처와 아픔은 내면 곳곳에 쌓여 작든 크든 얼굴에 그늘을 만들기 마련이었다. 하지만 구김살이라곤 찾아볼 수 없는 얼굴이었다. 뽀얀 피부에 커다란 눈, 생글거리는 미소. 듬직이에겐 무슨 일이 있었던 것일까.

 '참, 잘 자랐네.'

 맑고 밝고 따뜻한 그 무엇이 내면으로부터 저절로 흘러넘치는 모습이었다.

 삼혜원 엄마들이 있었다. 듬직이를 얼마나 어떻게 사랑해 왔는지, 얼마나 애를 썼는지 듬직이의 얼굴에 고스란히 담겨 있었다. 엄마들의 사랑과 정성이 듬직이의 오늘을 이루어냈다.

영란엄마는 삼혜원 엄마들이 고마웠다. 아니, 존경스럽다는 말이 더 적절했다.

'장차 잘 자랐다는 말을 들을 수 있도록, 삼혜원 엄마들처럼 듬직이를 돌볼 수 있을까?'

그러길 바랐다. 그래야 듬직이를 아쉬움과 눈물로 떠나보냈을 삼혜원 엄마들을 볼 면목이 있으리라.

"안녕, 임듬직."

영란엄마는 듬직이 이마를 덮고 있는 머리카락을 귀 뒤로 넘겨주었다. 듬직이는 영란엄마의 손을 따라 눈동자를 움직였다. 긴 속눈썹에 과자 부스러기인지 풀씨인지 모를 하얀 알갱이가 붙어 있었다. 영란엄마가 입바람을 불어 털어내자 듬직이가 두 눈을 천천히 감았다 떴다.

"동백원 식구가 된 걸 환영해."

듬직이가 활짝 웃었다. 동백원이 마음에 든다는 표시인 듯해 영란엄마는 마음이 놓였다.

영란엄마는 휠체어에서 듬직이를 들어 품에 안았다.

"이제부터 내가 엄마야. 잘 부탁해."

듬직이가 영란엄마의 눈을 똑바로 쳐다보며 배에 힘을 주며 말했다.

"어~마."

삼혜원에서 전해준 정보에 의하면 듬직이는 단절음 외에는 제대로 말하지 못한다고 했다. 그러므로 듬직이는 전력을 다해 인사를 한 셈이었다.

영란엄마는 듬직이를 안은 팔에 힘을 더했다.

한사람을 품에 안는다는 것은 단지 그 사람이 내 안으로 들어온다는 의미에 머물지 않는다. 나 역시 그의 속으로 들어간다는 것이다. 그것이 진정한 동행이다.

영란엄마는 듬직이와 함께 생활관으로 들어섰다.

전날 밤 듬직이가 지낼 방 창문에 풍선을 매달아 놓았다. '듬직아, 반가워!'라는 문구도 풍선 사이사이 붙여두었다. 듬직이를 환영하는 동백원 식구들의 마음을 보여주고 싶었다. 동백원의 장애인들 역시 비록 인지 능력이 부족해 정확히 표현하지 못해도 함께 풍선을 불고 환영 문구를 쓰면서 듬직이를 받아들일 준비를 했다.

* * *

삼혜원과 동백원은 사회복지법인 동행에 함께 속해 있다. 그러나 둘은 구성원과 규모에서 차이가 있다.

전남 여수 한적한 곳, 볕이 잘 드는 남향 산기슭에 자리한 동백원은 장애인 거주시설이다. 장애인 80명이 생활하며 직원 47명이 근무한다.

1988년 개원한 동백원은 처음부터 대문을 달지 않은 채 30년이 넘게 이어져 오고 있다.

누구나 부담 없이 드나들 수 있게 하자, 세상과 분리되지 말자.

개원 당시부터 지금껏 지켜온 믿음 때문이다.

듬직이가 나무라면, 동백원은 새로이 뿌리내릴 땅이었다.

잘 적응할 수 있을까? 변화에 불편한 점은 없을까? 지난날을 마냥 그리워하는 것은 아닐까?

영란엄마는 가슴 졸이며 듬직이를 지켜보았다. 듬직이의 행동, 표정 하나까지 놓치지 않으려 애썼다.

듬직이는 동백원 생활을 어렵지 않게 받아들였다. 잘 자랐다는 첫인상대로, 삼혜원의 사랑으로 이미 단단하게 준비된 아이였다.

듬직이는 잘 웃고, 장난기가 많았다. 혼자 있는 것보다 어울려 함께 있기를 원했다. 먼저 상대방 마음의 벽을 허물 줄 아는 아이였다.

듬직이로 인해 동백원에서는 생활방을 다시 조정했다.

듬직이가 지낼 방은 화장실을 갖춘 해오름방으로 정해졌다. 지은 지 오래된 건물이라 낡았지만 깨끗이 손을 봤고 함께 지낼 방 식구에 대해서도 세심하게 신경을 썼다.

영란엄마와 진희엄마가 해오름방을 담당하기로 했다.

다섯 살 듬직이는 삼혜원에서 또래 아이들과 함께 지냈지만 동백원은 여덟 살 태영이가 지금까지 막내였다. 이제 듬직이가 막내 자리를 차지하게 된 셈이었다. 엄마들은 둘이 형과 동생으로 잘 어울리기 바라는 마음으로 해오름방에서 같이 지내게 했다.

태영이는 듬직이와 마찬가지로 중증 뇌병변 장애다. 보행이 가능하지만 인지 능력이 낮고, 울며 보채는 일이 많았다. 특히 자신의 욕구가 충족되지 않으면 머리를 벽에 부딪치는 행동을 해 엄마들은 태영이가 다치지 않도록 주의 깊게 곁을 지켜야 했다.

태영이는 늘 머리를 앞뒤로 흔드는 행동을 했다.

'저리 심하게 흔들면 어지럽지 않을까? 얼마나 힘이 들까.'

보는 이들은 걱정을 하지만 정작 태영이는 편안함을 느끼는 듯했다. 그러나 스트레스를 받을 때는 머리를 더 격렬하게 흔들기에 잘 다독여줘야 했다.

둘은 서로 마음에 드는 모양이었다. 듬직이는 태영이형을 향해 활짝 미소 지었다. 머리 흔들기 속도가 느려지는 걸 보니 태영이 역시 마음이 편한 듯했다.

＊＊＊

듬직이가 동백원에 왔다는 소문은 빠르게 퍼졌다.

다들 듬직이를 환영했고, 특히 더 반기는 형들이 있었다.

"야. 이, 이, 임, 임...드 드 듬직. 너, 너, 너, 너... 너가 드드 듬직이냐?”

키가 175㎝에 몸무게가 90㎏에 육박하는 송옥진 씨였다. 듬직이는 겁에 질린 눈빛으로 옥진이형을 바라보았다.

“나 나 나는 오 오 옥진이형이라고 해. 아 아 아 앞으로 혀 혀 형이라고 불러.”

지적 장애가 있는 옥진이형은 듬직이가 온다는 소식을 듣고 주위에 듬직이에게 음료수를 사겠다고 큰소리를 쳤다.

반가운 마음으로 인사를 하는 옥진이형. 그러나 겁에 질린 듬직이는 자신의 특기인 미소로 맞아주지 못했다. 자신처럼 반가워하지 않는 듬직이 때문에 옥진이형은 섭섭한 눈치였다.

그렇게 둘의 첫만남은 어설펐다. 그 며칠 후 치료실을 다녀오던 중 진희엄마는 듬직이의 휠체어를 음료수 자판기 앞에 세워두고 사무실에 잠깐 업무를 처리하러 갔다. 자판기 앞은 항상 동백원 식구들이 모여 이야기꽃을 피우는 곳이다. 마침 옥진이형이 듬직이 앞을 지나쳤다.

옥진이형이 반가운 마음에 자판기를 가리키며 듬직이에게 말했다.

“야. 야 ~~~야 이 이 임 드 드 드 듬직, 혀 혀 형아가 으 으 음료수 사줄까?”

옥진이형을 바라보던 듬직이는 울음을 터뜨렸다. 옥진이형의 생김새나 말투가 영 마음에 들지 않았던 모양이다.

“야 야 이 이이 임 드 드 듬 직 왜 울어 왜 왜 우 우냐고?”

옥진이형은 반가움의 표시에 울음으로 반응하는 듬직이를 이해할 수 없었다. 그 사이 진희엄마가 왔다.

"옥진아, 왜 듬직이를 울리고 그래. 사이좋게 지내야지."

그 말만 남기고 진희엄마는 듬직이의 휠체어를 밀면서 가버렸다.

옥진이형으로선 서운했다. 자신의 마음을 몰라주는 듬직이도, 진희엄마도 미웠다. 한동안 자판기를 바라보며 씩씩거리더니 시원한 콜라를 꺼냈다.

"다 다다 다 다시는 사 주나 봐라."

기세 좋게 들이마시고는 '커 커 커 어 억' 하고 걸쭉한 트림을 토해냈다. 그것으로 끝. 서운함도, 미움도 깡그리 잊어버리는 옥진이형이었다.

송옥진 씨는 동백원에서 생활하며 송정인더스트리에서 직업훈련을 받고 있다. 자립을 위해 필요한 과정이지만 선택은 본인의 몫이다. 송옥진 씨는 기분에 따라 열심히 할 때도 있지만 대부분 중간에 그만두고 나온다. 한 곳에 오랫동안 앉아 있는 것보다 돌아다니기를 좋아하기 때문이다.

송옥진 씨가 지속적으로 관심을 갖는 것은 따로 있다. 식당에 식단표 붙이기와 배식 때 조리원을 도와 식판을 옮기는 작업이다.

식단표는 일주일에 두 번 나온다. 그 시간에는 어김없이 영양사 옆에 서서 식단표가 나올 때까지 기다린다. 김다경 영양사는 옥진씨 때문에 식단표를 조금이라도 늦게 짤 수가 없다.

눈이 좋지 않은 옥진씨는 식단표를 눈에 거의 대면서 보는데, 조금 떨어진 곳에서 보면 코를 풀기 직전의 동작으로 오해하기 쉽다. 또한 글을 읽는데 서툴다. 그러나 식단표를 거꾸로 붙인 적은 없다. 아마 나름대로 익힌 비법이 있는 듯하다.

다운증후군으로 항상 쾌활하고 주위에 즐거움을 선사하는 창환이 형은 듬직이를 위해 특별한 퍼포먼스를 준비했다. 자신이 가장 좋아하는 태권도와 무용을 섞어서 한바탕 춤을 추었다.

동백원을 처음 방문하는 사람들이 제일 먼저 만나게 되는 사람이 박창환 씨다. 처음 본 사람들과 스스럼없이 악수를 나누는 것을 즐긴다. 항상 명랑 쾌활하며 주위 사람들에 대한 배려가 남다르다.

그렇게 동백원 가족들은 자신들만의 방식으로 듬직이를 환영했다.

2. 먼 훗날의 느티나무

지어진 지 30년이 넘은 동백원.

삼혜원보다 생활 환경이 그다지 좋지 않다. 생활방들도 복도식으로 배치가 된 구식이다. 대신 자연환경은 동백원의 자랑이다. 부지가 넓어 자유롭게 돌아다닐 수 있고 주위에 나무가 많아 사시사철 계절의 변화를 느낄 수 있다.

듬직이는 보다 더 전문적이고 체계적인 재활 치료가 필요했기에 동백원에서는 바로 치료를 시작하였다.

치료사들은 듬직이의 치료 시간을 조정하는 데 애를 먹었다. 80명의 장애인이 생활하며 30여 명이 여명학교를 다니기 때문에 오후에 몰리는 치료 시간을 배정하는 문제가 쉽지 않은 까닭이었다.

듬직이와 같이 성장 과정에 있는 뇌병변 장애아동은 전문적인 치료가 중요하다. 또한 잠잘 때를 제외하고는 일상 속에서 매 순간 치료가 이어져야 한다. 따라서 항상 돌보며 함께 있는 시간이 많은 엄마들도 치료에 대한 기본 상식을 갖춰야 한다.

며칠간 치료를 받은 뒤, 치료사들과 엄마들이 한자리에 모였다. 이런 회의를 할 때는 물리, 작업 치료사와 언어 재활사, 간호사, 프로그램 교사, 듬직이를 담당하는 엄마들이 참석을 하고 회의 주재는 원장이 한다.

"각자의 영역에서 진단한 듬직이 현재 상태 그대로 말씀을 드리겠습니다."

명민철 물리 치료사가 먼저 말문을 열었다.

"보톡스 시술을 했음에도 하체의 인대는 그다지 늘어나지 않은 것으로 보여요. 다리와 척추 근육이 아직도 약하고 목을 지탱하는 근력도 힘이 부족하네요."

김사랑 작업 치료사가 말을 이었다.

"아직도 강직이 심해 섬세한 손동작은 좀 어려운 상태예요."

침울한 분위기 속에 강금화 언어재활사의 말이 이어졌다.

"호흡 기능을 담당하는 근육이 약해요. 호흡이 약하다 보니 발성역시 온전히 이루어지지 않고 있어요."

치료사들의 말에 회의 분위기는 더욱 가라앉았다. 동백원 엄마들은 어떤 말을 해야 할지 막막했다.

침묵을 깨고 명민철 치료사가 말을 했다.

"저희들은 듬직이의 현 상태에 대해서만 이야기를 드린 겁니다. 사실 듬직이처럼 강직형 뇌병변 장애가 지금의 상태를 유지하고 있는 자체가 기적이지요. 어렸을 때 삼혜원에서 얼마나 많은 노력을 했는지 짐작이 갑니다."

영란엄마가 말을 받았다.

"그래도 듬직이는 성격이 적극적이고 명랑 쾌활한 것이 다행이에요."

진희엄마도 영란엄마의 말을 거들었다.

"맞아요. 듬직이는 친화력도 좋고 뭐든지 하려고 하는 아이예요."

원장이 동백원의 다짐을 밝혔다.

"이제 앞으로는 우리들의 몫이라고 생각합니다. 우리 모두가 열심히 노력한다면 듬직이가 더 나은 삶을 살 수 있다고 믿어요."

듬직이의 재활 치료는 근력 강화, 강직된 근육의 유연성, 언어 치료, 인지 능력 향상 등 여러 방면에서 이뤄져야 했다. 한 아이를 키우기 위해선 온 마을이 필요하다는 아프리카 속담처럼, 듬직이를 위해 동백원의 모든 역량이 필요했다.

듬직이에게 어떤 치료가 가장 필요한가, 평상시 어떻게 해줘야 하는가에 대하여 의견을 나눴다.

이러한 상황들을 고려해 듬직이를 위한 최적의 치료 방법을 찾아야 했다. 회의는 거듭 이어졌고, 회의 내용을 공유하면서 치료 프로그램을 만들어 갔다. 어차피 단기간에 끝이 날 치료는 아니므로 듬직이는 물론 치료사들과 엄마들 모두 긴 호흡으로 인내해야 할 과정이었다.

듬직이에게는 물리 치료가 최우선으로 필요하다고 의견이 모아졌다.

물리 치료를 통해 듬직이의 척추나 목 근육을 살려내야 했다. 그래야 작업 치료도 할 수 있고 언어 치료도 가능했다. 이제는 엄마들의 스트레칭 수준이 아니라 베테랑 물리 치료사의 치료가 필요했다.

소아보바스치료나 보이타치료를 병행해서 진행하기로 했다. 다행히 동백원이나 바우처 치료사들 중 각각 전문 코스를 이수한 치료사들이 있었다.

동백원 물리 치료사는 일주일에 두 번 치료가 가능했다. 다른 장애인들의 치료가 있어서 더 이상은 치료 시간 배정이 어려웠다. 바우처 치료도 일주일에 두 번이 한계였다.

일주일에 네 번의 물리 치료로는 듬직이의 장애를 극복하는데 한계가 있다고 보았다.

물리 치료를 더 늘릴 수 있는 방법은 비(非)바우처라도 해야 했는데 소요되는 금액이 한 달에 100만원이 넘었다. 그러나 금전적인 문제로 가장 중요한 시기의 듬직이 치료를 소홀히 할 수 없었다. 다행히 듬직이에게는 후원자들이 보내준 결연 후원금이 있었다. 그 후원금과 동백원의 후원금을 보태기로 했다.

월요일부터 금요일까지 동백원 물리 치료사 두 번, 바우처 두 번, 비바우처 다섯 번. 그렇게 듬직이의 치료 스케줄이 정해졌다. 주말에는 동백원 엄마들이 치료에 나섰다.

유치원 다니면서 시간이 나면 치료를 받는 것이 아니라 치료를 받다가 시간이 나면 유치원을 가기로 했다. 듬직이에게는 학습 능력 향상보다 치료가 더 중요하다고 판단했기 때문이다.

언어 치료는 물리 치료와 작업 치료가 어느 정도 진행된 뒤에 하기로 했다.

듬직이에게는 두 가지 행운이 따랐다.

그 첫 번째는 MBC다큐 '꽃보다 듬직이' 방송의 힘이었다. 그로 인해 듬직이에게 매달 일정 금액을 후원해주시는 분들이 있기 때문에 지속적인 치료가 가능했다.

두 번째는 동백원의 경험이었다. 동백원에는 치료 시기를 놓친 탓에 근육과 관절이 고착화된 채 입소한 뇌병변 장애인들이 많았다. 누군가 일찍이 관심을 갖고 돌봤다면, 훨씬 나은 삶을 살 수 있었다. 이들을 볼 때마다 안타까웠고, 조기 치료의 중요성을 느꼈다. 그래서 듬직이 만큼은 적절한 시기를 놓치지 않으려고 서두른 것이었다.

그렇게 집중적인 물리 치료를 시작했지만 몇 달이 지나도 듬직이의 변화는 눈에 보이지 않았다. 삼혜원 엄마들이 느꼈을 절망이 이해됐다.

물론 뇌병변 장애의 치료 효과가 눈에 띄게 나타날 수는 없다. 모두들 알고는 있었지만 답답했다. 그래도 해야 했다. 어디가 어딘지 알수 없는 끝 모를 길을 듬직이와 동백원 가족들은 함께 가야 했다.

＊＊＊

듬직이가 매일 다녀야 하는 곳은 치료실이다.

치료실은 3층 건물로 1층은 물리 치료실과 통증치료실이 있다. 2층은 감각통합 치료실과 언어 치료실, 심리안정실, 상담실이 있으며 3층은 슬링 치료실과 프로그램실로 이루어져 있다.

듬직이는 물리 치료실과 감각통합 치료실, 언어 치료실을 매일 다녔다. 하루에 두세 번을 가는 날도 있었다.

자주 다녀도 듬직이는 싫은 내색을 하지 않았다. 힘들 때면 짜증을 부리거나 울기는 했어도 치료를 거부한 적은 없었다.

듬직이의 장점 중 특히 돋보이는 면이었다. 자신의 장애와 싸워나가는 듬직이가 엄마들로선 기특하면서도 고마웠고, 고마우면서도 한편 안쓰러웠다.

치료가 끝나면 치료사들이 생활방으로 데려다줄 때도, 엄마들이 데리러 갈 때도 있었다.

영란엄마가 잠깐 시간을 내 치료실로 듬직이를 데리러 갔다.

"오늘 치료 잘 받았나요?"

"어~~~~~마."

듬직이의 예쁜 웃음과 함께 나온 대답이었다.

"오늘 듬직이 열심히 잘했어요. 맛있는 것 사주세요."

활기찬 치료사의 말을 뒤로 하고 영란엄마는 듬직이와 함께 매점으로 향했다.

매점은 여러 개의 건물로 이루어진 동백원의 한가운데 있다. 장애인들의 접근성과 편의성을 위한 배려로 물건의 구입부터 판매까지 뇌병변 장애인들이 자체적으로 운영한다.

듬직이와 영란엄마가 매점 문을 열고 들어가자 마침 많은 동백원 가족들이 모여 있었다. 매점이면서 한편으로는 장애인들의 휴식처이고 사랑방이기도 한 곳이었다.

"안녕하세요. 듬직이 맛있는 과자 사러 왔어요."

점장 정현진 씨가 먼저 반겼다.

"듬~~~직아 어서 와."

현진씨도 강직형 뇌병변 장애다. 중증이어서 전동 휠체어를 이용하지만 자립에 대한 욕구가 강했다. 동백원에서 생활하다 그룹홈을 거쳐 지금은 아파트에 홀로 살고 있다. 활동지원사의 도움을 받으며 모든 것을 스스로 결정하는 삶을 살며, 매일 동백원으로 출근해 매점을 관리한다.

"듬직아, 안녕."

과자 고르기에 여념이 없는 듬직이에게 박영철 씨가 인사를 건넨다.

박영철 씨는 소아마비 장애로 동백원 초창기에 들어왔다. 동백원에서 검정고시를 마쳤고, 동백사물놀이팀 창설 멤버. 장구를 좋아해서 필봉농악, 김덕수사물놀이학교 등 전국을 다니며 장구를 배웠다. 지금도 장구를 잘 치고 동백원 사물놀이패를 이끌고 있다.

20대 후반 홀로서기를 해 지역사회에 나가 살고 있는 박영철 씨는 순천청암대학 사회복지학과에 진학해 학업을 무사히 마쳤다. 자신이 장애인으로 겪은 서러움과 극복해온 과정들을 통해 동료들에게 상담자 역할을 하고 싶어 해 동백원에서 프로그램 교사로 일하고 있다. 최근에는 휠체어 댄스 매력에 빠져 전남 대표선수로 전국은 물론 해외 대회까지 가서 메달을 따온 팔방미인이다. 2014년에는 국가대표로 선발되어 인천 아시안게임에서 동메달을 따기도 했다. 동백원의 자랑이자, 여수의 자랑이다.

박영철 씨는 현재 동백원 보치아팀 감독이기도 하다. 보치아는 뇌병변 장애인들이 하는 스포츠로 고도의 집중력과 지략을 요구하는 경기다.

박영철 씨가 유난히 듬직이를 반기는 속내에는 장차 보치아 선수로 함께 활동하기를 기대하는 마음도 있을 것이었다.

비슷한 이유로 듬직이에게 친숙함을 표시하는 이가 또 있었다. 듬직이와 같은 강직형 뇌병변 중증 장애로 보치아 국가대표 선수인 유원종.

유원종 씨는 매년 전국 장애인체육대회에 보치아 선수로 출전했다. 1998년 국가대표에 선발되어 애틀란타 패럴림픽에서 동메달을 땄다. 2016년 리우 패럴림픽에 국가대표로 선발되어 훈련에 전념하고 있었다.[*]

유원종 씨와 함께 보치아를 하는 서영준, 손옥존 씨도 듬직이를 따뜻한 미소로 맞이하였다.

---

[*] 유원종 씨는 2016년 리우 패럴림픽에서 동메달을 땄다. 현재도 동백원 보치아팀의 대표선수로 전국대회에 참가해 좋은 성적을 거두고 있다.

아저씨 같은 형들과 인사를 나누며 과자를 고른 듬직이에게 점장 혜란씨가 활짝 웃어보였다.

"오늘 과자는 듬직이에게 주는 선물이야. 맛있게 먹고 자주 놀러와."

매점을 나서는 영란엄마의 발걸음은 가벼웠고 듬직이도 만족한 표정이었다.

그렇게 모두들 듬직이를 환영했고, 무엇이든 나눠주고자 했다. 한 가족이 된다는 의미를 잘 알고 있기 때문이었다.

며칠 후 듬직이는 치료를 마치고 송정인더스트리를 찾았다.

송정인더스트리는 사회복지법인 동행에서 운영하는 장애인 직업 재활 시설이다.

장애인 재활을 위해서는 직업이 있어야 하기에 동백원 초창기부터 운영해왔다. 현재 12명의 직원과 40명의 장애인들이 일을 하고 있다.

송정인더스트리 식구들에게 듬직이를 소개하는 의미도 있지만 장애인들이 일하는 모습을 보여주는 것도 듬직이에게 도움이 될 것 같았다.

3층 건물 중 1층은 복사용지를 만드는 곳으로 종이를 자르고 박스에 넣고 포장하는 소리로 소란스러웠다.

노창섭 씨가 먼저 반갑게 듬직이와 악수를 나누었다.

지적 장애가 있는 창섭씨는 누구에게나 친절하고 살갑게 대한다. 창섭씨 외에도 복사용지 생산 공장에 일하는 형과 누나들이 듬직이에게 반갑게 인사했다.

2층은 커튼 공장이 자리하고 있다. 30년 전에 지어져 낡은 동백원 건물에 비해 치료실과 송정인더스트리는 엘리베이터가 있어 장애인이 이용하기에 불편이 없다.

커튼 공장의 공장장은 전영배 씨로 송정인더스트리의 창립 멤버이다. 휠체어를 타는 전영배 씨는 동백원 개원 초부터 지금까지 30년이 넘는 세월을 함께한 보물 같은 존재다.

3층은 송옥진 씨가 일하고 있는 파일 만드는 곳이다. 누나와 형들 10여 명이 열심히 파일을 만들고 있었지만 옥진이형은 없었다. 듬직이에겐 다행인지 모르겠다.

송정인더스트리를 돌며 영란엄마는 듬직이에게 열심히 설명을 했다.

"너도 어른이 되면 저렇게 일할 수 있을 거야."

듬직이도 흥미를 보였다. 사업장마다 관심을 갖고 과정을 유심히 살폈다.

동백원 순례는 언제나 느티나무 앞에서 끝이 난다.

30여 년 전에 심은 느티나무는 이제 직경이 1미터가 넘는 아름드리로 성장해 여름이면 시원한 그늘을 선사했고, 겨울에는 가지 사이로 따뜻한 햇볕을 품었다.

영란엄마는 듬직이와 느티나무를 번갈아 보며 말했다.

"이 큰 나무처럼 듬직이도 동백원에서 단단하게 뿌리를 내려야 해. 알았지?"

영란엄마의 말뜻을 제대로 알아들었는지, 듬직이도 느티나무를 쳐다보고 온몸을 움직이며 웃었다. 듬직이가 미소로 힘껏 외치는 듯했다.

'느티나무가 될 거예요. 내가 큰 나무예요!'

영란엄마는 기뻤다. 어느덧 듬직이는 든든한 나무처럼 동백원에 뿌리를 내리고자 마음을 열고 있었다.

3. 햄스트링 수술

2016년 봄, 듬직이는 분당 서울대병원으로 진료를 받으러 다녔다.

그 무렵 오승희 간호사가 법인의 인사 발령에 따라 삼혜원에서 동백원으로 옮겨 왔다. 우연이지만 필연처럼 듬직이와 승희간호사의 인연은 계속되었다.

동백원에서 분당 서울대병원까지 322킬로미터, 왕복 10시간을 꼬박 운전해야 했다.

듬직이와 같은 장애아와 먼 거리를 간다는 것은 결코 쉽지 않다. 일정 시간마다 기저귀를 갈아줘야 하고 차멀미 때문에 자주 쉬며 안정을 취하도록 해야 한다. 휴게소에 들를 때마다 휠체어를 내리고 태워야 하는 같은 동작을 여러 번 되풀이한다.

그 먼 거리를 무릅쓰고 나선 이유는 분명했다. 듬직이가 최고의 치료를 받도록 하기 위해서였다.

분당 서울대병원 강직클리닉에서는 재활의학과, 정형외과, 신경외과 전문교수들의 협업을 통해 세밀한 진찰이 가능했다. 한 분야에 국한되지 않는 다양한 치료법도 접할 수 있었다.

"예상보다 인대가 늘어나지 않는군요."

담당 교수님의 진단이었다.

2년 전, 위축된 인대가 늘어나야 보행이 가능하리라는 판단으로 보톡스 시술을 받았다. 시술 후 삼혜원 엄마들이 열성을 다해 재활 치료에 매달렸다. 떼를 쓰며 힘겨워하는 듬직이를 겨우겨우 달래면서 치료를 멈추지 않았다. 그리고 더 전문적인 치료를 받기 위해 동백원으로 옮겨 하루의 전부가 치료 시간이다시피 지내고 있었다.

'그럼에도 듬직이의 상황은 나아지질 않았다면 어찌해야 옳은가.'

담당 교수님은 조심스럽게 입을 열었다.

"아무래도 햄스트링 수술을 해주는 것이 좋겠는데, 잘 생각해보고 결정하세요."

수술이라는 말에 승희간호사는 겁부터 났다. 보톡스 시술 당시 깁스를 했던 듬직이의 모습이 자꾸 아른거렸다. 햄스트링 수술은 인대를 자르고 붙이는 수술이라 훨씬 더 힘들 것이 분명했다.

가능하다면 피하고 싶었다. 그러나 현재로선 다른 선택이 없다는 의미로 다가왔다.

승희간호사의 설명을 들은 동백원은 듬직이를 위해 수술을 하기로 결정했다.

2016년 4월 12일, 듬직이의 햄스트링 수술.

이번에도 승희간호사가 동행하기로 했다. 새벽 6시에 동백원을 나서 정오쯤 분당 서울대병원에 도착했다. 접수, 검사, 그리고 수술로 이어졌다.

다행히 수술이 잘 끝났다. 입원실에 들어서니 어김없이 듬직밴드 회원들이 기다리고 있었다. 듬직이가 좋아하는 과자를 비롯하여 병원에 필요한 여러 가지를 마련해 놓았다.

고마움과 감동으로 승희간호사는 눈시울이 뜨거워졌다.

듬직이는 사랑받는 아이였다. 소중한 인연으로 다가온 사람들이, 숙명처럼 타고난 한 아이의 불행을 행복으로 바꿔 놓았다.

퇴원해서 동백원으로 돌아오는 길, 한결 마음이 가벼웠다. 무사히 수술을 마쳤다는 안도감과 함께, 시간에 쫓겨 운전할 이유도 없었다.

서울을 자주 다니다 보니 승희간호사와 듬직이는 고속도로 휴게소 중 안 들러본 곳이 없었다. 어느 휴게소가 밥이 맛있고, 어떤 곳은 간식거리가 많고, 화장실은 어디가 편하고 좋은지 훤히 꿸 정도였다.

듬직이는 휴게소 들르는 것을 좋아했다. 휴게소 안내판이 보이면 환호성을 질렀다. 맛있는 간식거리를 먹을 수 있기 때문이었다.

승희간호사 역시 그대로 지나치지 않았다. 듬직이의 멀미도 가라앉혀야 했고, 기저귀도 갈아줘야 했다. 무엇보다 힘든 치료를 받은 듬직이가 기특해 상을 주고 싶었다.

몇 차례 휴게소를 들러 천천히 오다 보면 밤 10시가 넘어서야 동백원에 도착하곤 했다.

***

햄스트링 수술 후 다시 듬직이를 위한 치료 회의가 열렸다. 기존의 치료에 슬링치료를 추가하기로 했다.

슬링치료는 매달려 있는 줄을 이용해 근육과 관절을 강화시키는 치료법이다. 강직을 유연하게 하고 근력도 강화시켜 움직임을 기능적으로 하도록 하는 효과를 기대할 수 있다.

이번에는 광양이었다. 광양에서 슬링 치료센터를 운영하는 노영희 치료사는 임상경력 30년의 베테랑 치료사였다.

다시 일주일에 두 번 광양을 오갔다. 편도 약 40분이 걸리는 거리였다.

동백원에서는 아무쪼록 듬직이가 최대한으로 치료를 받을 수 있도록 힘을 모았다. 듬직이의 근육과 관절이 고착화되기 전에 치료를 받아야 했다.

"듬직아, 발!"

듬직이는 벌겋게 달아오른 얼굴로 안간힘을 썼다. 이마에 송골송골 맺힌 땀이 뺨을 타고 미끄러졌다. 벌어진 입에서는 줄줄줄 침이 흘러내렸다.

"발에 힘주고, 더, 더……."

노영희 치료사는 듬직이를 호되게 다뤘다. 그때마다 곁에서 지켜보는 영란엄마의 두 발에 저절로 힘이 들어갔다.

"듬직이가 왕자병에 걸렸네요."

"왕자병이라뇨?"

"주위에서 다들 예뻐하면서 알아서 척척 해주니까 도대체 노력하질 않아요. 그래서는 치료가 잘 안 돼요. 듬직이의 미래를 위해 더 강하게, 야속하리만큼 강하게 밀어붙여야 합니다."

맞는 말이었다. 하지만 영란엄마는 하소연이라도 하고픈 심정이었다. 안쓰럽고 안타까워 차마 더는 매몰차게 굴지 못할 때가 있었다.

동백원으로 돌아오는 차 안에서 영란엄마는 듬직이를 바라보며 속말로 다짐했다.

'듬직아, 이제부터 엄한 엄마가 될 거야.'

오늘의 모습만 사랑하는 일은 쉽다. 그러나 내일까지 바라보며 사랑하는 일은 힘겹다. 때로는 상대가 원치 않는 방법으로도 사랑해야 하기 때문이다.

아이에 대한 사랑은 특히 그렇다. 아이의 먼 미래를 바라보며 보듬어야 진정한 사랑이다.

영란엄마는 듬직이에게 다시 속말을 전했다.

'그러니까 듬직아, 엄하게 해도 엄마를 미워하면 안 돼.'

＊＊＊

그해 가을 동백원은 새로운 식구를 맞이했다.

문건호, 12살. 듬직이에게는 형이었다.

같은 뇌병변 장애가 있는 건호형과 듬직이는 한 방을 쓰게 되었고 둘은 서로 잘 맞았다.

건호형은 나지막한 소리로 듬직이에게 끊임없이 말을 걸었고 듬직이는 온몸으로 맞장구를 치면서 대화를 나눴다. 건호형은 공부도 잘하고 자상한 편이어서 듬직이에게 좋은 형이었다. 듬직이도 건호형을 따르고 의지를 많이 했다.

듬직이에게는 여러 대의 휠체어가 있었다. 치료를 다닐 때는 가볍고 타고 내리기 쉬운 휠체어, 나들이할 때는 장시간 밀고 다녀도 불편함이 없는 휠체어.

나들이 때 사용하는 휠체어는 낡았고, 게다가 이제는 듬직이에게 작았다. 작다는 것은 오히려 반길 만했다. 더디지만 그만큼 듬직이가 성장했다는 뜻이기에 엄마들은 흐뭇했다.

새로운 휠체어를 알아봤는데 가격이 무려 170만 원이었다. 승희간호사와 동백원 엄마들이 몇 번의 회의 끝에 좋은 휠체어를 사기로 했다.

가을이 한창일 때 드디어 휠체어가 도착했다.

"와! 멋있어~~~."

"무슨 휠체어가 이렇게 멋있어? 듬직이는 좋겠다."

엄마들은 새로운 휠체어를 보면서 감탄했다. 새 휠체어를 탄 듬직이도 만족스러운 표정을 지었다. 듬직이를 아끼고 사랑하는 분들의 정성이 함께하였기에 가능했다.

듬직이에게는 언제나 든든한 힘이 되어 주는 사람들이 있다.

듬직바라기 회원들은 물적으로, 심적으로 항상 듬직이를 지지하고 응원해준다.

서울할머니(방정인 님)는 매월 정기 후원을 하는 동시에 1년에 한두 번 여수를 방문해 1박 2일이나 2박 3일을 듬직이와 호텔에서 같이 지내며 듬직이에게 새로운 경험을 선사한다.

정미희 님은 듬직이에게 필요한 옷이나 인형은 물론 같은 방 가족들, 듬직이를 돌보는 엄마들까지 꼼꼼하게 챙겨서 커다란 박스에 따뜻한 마음을 함께 담아 보낸다.

김미진 님은 듬직이의 건강을 위해 유산균, 유과, 강정 등을 명절마다 챙기는 분이다. 듬직이와의 결연후원금 외에도 동행에 후원금을 따로 보낸다.

홍희전 님은 수시로 선물과 간식을 보내면서도 친구분과 함께 매년 후원을 한다.

고태령 님은 안동에서 사과 농장을 하는 분으로 매월 중순이면 듬직이를 위한 사과즙을 꼬박꼬박 보낸다. 듬직이뿐 아니라 듬직이를 돌보는 엄마들 것까지 항상 넉넉하게 마련해주는 든든한 후원자다.

듬직이가 친형처럼 따르는 안태영은 감기로 병원에 갔다가 의사가 아무래도 심장에 문제가 있는 것 같다며 큰 병원에 가볼 것을 권했다. 서울 아산병원으로 가서 진찰을 받았더니 심장 판막에 문제가 있어 수술을 받아야 하는 상황이었다.

수술을 하려면 많은 비용이 필요했다. 며칠을 고민하던 영란엄마가 듬직이 덕분에 알게 된 몇몇 분들에게 용기를 내 전화를 드렸다. 다들 수술비에 보태라며 흔쾌히 후원금을 보내주셨다. 듬직이와의 인연에서 시작된 따뜻함이었다.

다행히 태영이는 더 심해지지 않아서 좀 더 지켜본 뒤 수술하기로 했다. 지금도 1년에 두 번씩 아산병원에서 정기검진을 받고 있으며 고마운 분들이 보내주신 후원금은 안태영의 계좌에 보관되어 있다.

그 외에도 듬직이를 염려하고 응원해주시는 분들이 참 많다. 그분들의 고마운 정성을, 동백원 엄마들은 가슴에 새기며 듬직이의 치료는 물론 미래까지 준비하고 있다.

2장. 오직 듬직이

이만큼도 기적이라 할 만했다.
그러나 정말 기적이 절실히 필요한 순간이 바로 내일이었다.

1. 졸업과 입학

"듬직아, 안녕?"

영란엄마는 해오름방의 문을 열며 듬직이부터 찾는다.

듬직이의 유치원 졸업식 날이다. 영란엄마는 여느 때보다 일찍 출근했다. 졸업식에 맞춰 듬직이를 멋지게 꾸며주고 싶었다.

텔레비전 만화 채널을 보던 듬직이가 영란엄마를 향해 환하게 웃는다.

듬직이가 제일 잘하는 게 무엇인지 묻는다면, 영란엄마는 주저 없이 미소라고 답할 것이다. 동백원을 떠나 있는 동안에도 문득문득 듬직이의 미소가 떠오르곤 할 정도다.

실제로 듬직이는 잘 웃는다. 고통스러운 치료를 받을 때를 제외하곤 언제나 웃는 낯이다. 듬직이의 웃음에는 행복 바이러스가 담겨 있다. 지켜보고 있노라면 시름조차 잊게 만드는 마법의 미소이다.

"오늘이 어떤 날인지 아나요?"

영란엄마의 물음에 듬직이는 입술을 조물조물 종알거린다.

알아듣지 못하는 단어지만 아마도 졸업식이라는 말이리라. 확인하기 위해 영란엄마는 다시 묻는다.

"오늘은 유치원 졸업하는 날이죠?"

"네."

말해놓고 듬직이가 눈웃음을 친다.

진단 결과, 듬직이는 지적 능력이 떨어진다고 했다. 영란엄마는 선뜻 받아들일 수 없었다. 단지 늦되는 아이일 뿐이라고 생각했다. 정직하게 말하자면, 현실이 어떠하든 장차 나아질 거라는 가능성을 믿고 싶었다.

"오늘은 무슨 옷을 입을까?"

서랍장을 열며 영란엄마가 겉옷을 집어 들자 듬직이가 고개를 흔든다.

듬직이는 옷이 많다. 듬직밴드 회원을 비롯해 많은 후원자들이 보내준 옷이다. 옷이 많아 자신만의 패션 안목이 생긴 걸까, 듬직이의 옷 고르기는 꽤 까다로웠다. 그래도 일정한 기준이 있는데 편안함과 색상이다.

빨간색의 플리스 자켓, 파란색의 패딩조끼, 청바지를 골랐다.

듬직이는 유치원생으로 마지막 스쿨버스에 탑승했다.

영란엄마는 근무를 하다가 졸업식 시간에 맞추어 여명학교로 향했다. 장애아동에게 불편함이 없도록 잘 설계된 학교를 둘러보며, 경사로를 따라 졸업식이 진행되는 2층 체육관으로 올라갔다.

체육관에 들어서니 이미 졸업생과 재학생들이 나뉘어서 앉아 있었다. 눈에 들어오는 동백원 식구들을 일일이 챙기며 듬직이를 찾았다.

학교에서 사용하는 특수 의자에 앉아서 환하게 웃고 있었다. 축하한다는 말과 함께 미리 준비한 꽃다발을 건넸다.

듬직이는 유치부 대표로 단상에 올라가 교장선생님이 주는 졸업장을 받았다.

뭐가 좋은지 연신 싱글벙글인 듬직이. 담임선생님이 다른 지역으로 전근 간다는 말에 잠깐 아쉬운 듯했지만 곧 얼굴이 환해졌다.

역시 아이는 아이인가 보다. 따지고 보면 이별이 그다지 슬플 것도 없었다. 어차피 초등학교도 이 학교로 입학해 잠시 헤어진 친구들과 다시 만날 터였다.

그래도 졸업은 졸업. 축하받아 마땅한 날이었다. 몇 명의 초·중·고등학교를 졸업하는 동백원 식구들과 함께 축하의 자리를 마련하기로 했다.

웅천에 있는 프롤라 레스토랑으로 이동하였다. 지역에서 인기가 높은 식당으로 동백원 엄마들이 미리 예약해 둔 장소였다.

식당에 도착해 유아용 식탁 의자에 앉자 듬직이는 눈을 반짝이며 메뉴판을 정독했다. 한참 그림으로 표시된 메뉴를 보더니 피자와 볶음밥을 손가락으로 가리켰다.

듬직이는 주문을 끝내고 숟가락을 든 채 의기양양한 표정으로 주위를 둘러봤다. 듬직이에게 외식은 그리 낯설지 않았다. 딱히 기념할 날이 아니더라도 동백원의 친한 형과, 또 엄마들과 함께 종종 외식을 해왔다.

듬직이는 샐러드와 빵이 나오자 빵을 달라며 손을 뻗었다. 빵을 잘라서 버터를 발라주니 순식간에 먹고는 계속 더 달라고 했다. 한참 후에 나온 볶음밥과 피자를 먹고는 음료까지 추가해 빨대로 쪽쪽 마셨다.

맛있게, 열심히 먹는 듬직이를 챙기는 통에 영란엄마는 먹을 틈이 없었다. 듬직이 입에 음식을 넣어주랴, 음식이 묻은 입가를 닦아주랴, 꼭꼭 씹으라고 잔소리하랴 정신이 없었다.

한참을 먹고 난 후 듬직이는 고개를 흔들며 한바탕 트림까지 했다. 그제야 영란엄마도 식사를 할 수 있었다.

동백원으로 돌아오는 길.

영란엄마는 준비해 둔 말을 꺼냈다.

"유치원을 졸업했으니 더 이상 아이가 아니야. 이제부터는 어린이가 된 거야. 그러니까 공부도 열심히, 재활 치료도 더 열심히! 알았지, 임듬직?"

"네."

"대답 하나는 시원시원하게 잘해요."

영란엄마는 혼잣말을 중얼거리며 웃었다. 이내 웃음을 거두었다. 괜한 다짐을 받았다는 생각이 든 탓이었다.

이미, 듬직이는 최선을 다하고 있다. 전력을 다해, 필사적으로 자신의 장애와 맞서는 중이다.

그러나…….

기적까진 바라지 않겠다. 이제 부디 진전의 결과가 확실히 눈에 보였으면 좋겠다. 듬직이를 위해, 또 많은 노력을 하는 동백원 가족 모두를 위해.

***

2017년 3월 2일.

오늘은 듬직이가 초등학교에 입학하는 날.

유치부 졸업 때와 마찬가지로 영란엄마는 일찍 출근하여 듬직이를 준비시킨다.

"듬직아, 오늘은 초등학교 입학식인데 어떤 옷을 입을까?"

듬직이가 녹색의 간절기 점퍼를 손가락으로 가리킨다.

"그러면 밑에는 감색 바지를 입자."

"네."

듬직이는 냉큼 대답한다. 완벽한 의견의 일치. 이럴 때는 깨물어주고 싶을 만큼 예쁘고 사랑스럽다.

자신이 고른 옷을 입고 듬직이는 중학교, 고등학교에 입학하는 다른 장애인들과 함께 여명학교로 향한다.

듬직이는 특수학교에 입학하기로 했다. 유치원 졸업 전부터 엄마들은 듬직이의 진학 문제로 많은 회의를 했다.

비장애 아동들과도 잘 어울리는 듬직이였다. 따라서 일반 초등학교에 입학하는 것이 더 낫지 않을까 하는 의견들이 있었다. 그러나 통학이 문제였다. 동백원의 장애인 대부분이 여명학교를 다니기 때문에 한꺼번에 등하교가 쉽게 이루어졌다. 만약 일반학교를 가기 위해서는 엄마 중 누군가가 듬직이의 등하교를 맡아야 했다. 현실적으로 어려운 문제였다. 결국 특수학교인 여명학교로 입학을 결정했다.

동백원 건물 앞에는 매일 아침 8시, 등교하는 장애인들 30여 명이 모인다. 휠체어를 타는 중증 장애인이 많아 대형버스 두 대가 동백원 마당으로 들어온다.

통학버스에 타는 시간이 대략 20분 정도 걸린다. 오후 3시쯤에는 다시 엄마들이 모여 하교하는 장애인들을 맞이한다.

월요일부터 금요일까지 하루에 두 번 반복되는 일상이다.

　장마철이나 비가 오는 날은 엄마들의 수고가 배가 되었다. 한 손으로 휠체어를 밀고 한 손으로는 우산을 받쳐야 하기 때문이다.

　아이들이 비를 맞을까봐 우산을 내밀어 씌워주다 보니 엄마들은 고스란히 비를 맞기 일쑤였다. 통학버스에 학생들을 태우고 나면, 우산을 손에 든 엄마들은 온몸이 젖어 있는 서로를 보면서 웃을 수밖에 없었다.

　분리교육과 통합교육은 항상 논란이 있었다. 과거에는 분리교육을 당연한 듯 받아들였지만 이제는 대부분 통합교육을 지향한다. 장애인이 장애를 극복하기 위해서나, 비장애인이 장애인을 이해하기 위해서도 통합교육이 더 효과적이다. 물론 중증 발달장애 등 장애가 아주 심해 통합교육이 어려운 경우라면 분리교육이 더 좋을 수도 있다.

우리나라는 아직도 장애인에 대한 편견이 많은 나라다.

어려서부터 장애인을 만날 기회가 적다보니 장애에 대한 이해가 부족하다. 또한 장애인을 어떻게 대해야 할지 모르기 때문에 편견이 생긴다.

이러한 이해 부족과 편견 때문에 인근 지역에 특수학교를 건립한다고 하면 반대 민원과 집단행동까지 당연한 듯 벌어지고, 장애아동 부모들이 비장애아동 부모에게 무릎을 꿇고 빌어야 하는 상황까지 발생한다.

우리나라에서 장애아동의 부모는 죄인이다. 터무니없는 이유로 죄인 취급을 받아야 하고 죄인의 심정으로 살아가야 한다.

정부는 근본적인 문제는 해결하지 않으면서, 장애 인식 개선 교육을 의무화하고 장애인 차별금지법까지 만들었다.

법으로 금지하면 장애인 차별이 없어질까?

장애인과 비장애인을 구별하는 법 자체가 또 다른 차별은 아닌가?

생각의 문제이고, 생각은 경험을 통해 구체화된다. 따라서 어렸을 때부터 장애인과 함께 어울려 살아야 한다. 그 경험이 장애인에 대한 올바른 인식을 갖게 한다.

입학식 시간에 맞춰 듬직이가 학교에 도착했다. 학교에 있던 특수 의자에 바꿔 앉히고 경사로를 따라 체육관으로 올라갔다.

전교생과 신입생들이 모여 시끌벅적하다. 여수에 장애아동들이 이렇게 많았나? 듬직이 일로 학교에 올 때마다 영란엄마는 새삼 놀라곤 한다.

입학식이 시작되었다.

듬직이는 의젓하게 앉아 교장선생님의 말씀을 진지하게 듣는다. 유아에서 어린이로의 변화를 몸으로 보여주고 있다. 뒤에서 지켜보는 영란엄마는 지난 2년의 시간들이 떠올라 가슴이 뭉클하다.

입학식이 끝나고 선생님의 안내로 교실로 이동한다.

초등학교 1학년 1반.

교실로 들어서니 넓은 공간이 눈에 확 들어온다. 학생들을 위해 잘 꾸며진 교실을 둘러보며 듬직이의 자리로 특수 의자를 밀어준다.

선생님의 소개가 끝나고 학부형들과의 면담 시간. 영란엄마는 차례를 기다려 담임선생님과 상담을 한다. 듬직이에 대한 이야기를 나누고 필요한 서류들에 서명을 한다.

이로써 듬직이는 완전히 여명학교 초등부 1학년이 되었다.

듬직이와 함께 교문을 나서려는 순간, 영란엄마는 무엇인가에 이끌린 듯 다시금 학교 쪽으로 눈길을 옮긴다. 서둘러 빠져나오고 싶지 않다.

여기까지 힘겹게 왔다. 다른 아이들에겐 당연한 과정이 듬직이에게는 한 순간도 만만치 않았다.

영란엄마는 손을 뻗어 듬직이의 뺨을 어루만진다. 그간 애썼다는 칭찬이고, 내일을 위한 격려다.

입학식 날도 동백원 가족들은 외식을 한다. 이번에는 아이들이 좋아하는 짜장면을 먹기로 했다. 20년이 넘도록 매월 한 번씩 동백원에 와서 짜장면을 만들어 주는 삼호반점으로 예약이 되어 있었다.

졸업식이나 입학식이 있는 날이면 중국집은 항상 만원이다. 짜장면을 좋아하는 아이들이 그만큼 많다는 이야기다.

서동원 사장님이 반겨주면서 안쪽 자리로 안내를 한다. 입 주위가 시커멓게 범벅이 된 채 아이들은 짜장면을 맛있게 먹는다.

2. 신경근 절제수술

초등학교 입학 후에도 듬직이를 위한 치료 회의는 계속되었다.

"다리 강직이 더 심해지는 듯해요. 치료가 별 효과를 내지 못하고 있습니다."

물리 치료사의 말을 영란엄마가 받았다.

"강직 때문인지, 요즘 잠잘 때 부쩍 힘들어해요."

듬직이는 무릎 뒤 인대와 아킬레스건의 당김이 심해졌다. 다리를 반듯하게 펴지 못하고 강직도 한층 심해져 힘들어했다. 그동안 강직을 풀어주려고 치료사들과 엄마들은 온갖 정성을 다했다. 그럼에도 듬직이의 상태는 별다른 진전이 보이지 않았다.

2017년 5월 12일, 분당 서울대병원에서 정기검진을 받는 날.

"고관절 탈구 증상이 많이 좋아졌습니다."

담당의사의 말에 승희간호사는 안도의 숨을 내쉬었다.

"문제는 다리 강직인데……."

지금 상태라면 점점 더 심해질 거라고, 담당의사는 덧붙였다. 듬직이가 자기 힘으로 걷게 될 가능성마저 완전히 사라질 수 있다는 의미였다.

승희간호사는 아랫입술을 깨물고는 다음 말을 기다렸다.

"강직을 풀기 위해서는 허리 신경 일부를 잘라내는 수술을 해야합니다. 그러나 상당히 어려운 수술입니다. 잘 생각해보고 결정하시기 바랍니다."

다음날 동백원에서 회의가 열렸다.

'척추 후근 신경근 절제술'

듬직이가 받아야 하는 수술의 이름이었다.

"척추 일부를 절제하고 다리의 강직에 관계된 신경을 찾아 제거하는 수술이랍니다."

승희간호사의 설명이었다.

아무도 말이 없었다. 긴 침묵이 회의실을 무겁게 짓눌렀다.

담당의사는 어려운 수술이라고 했다. 단순히 위험하다는 뜻이 아닐 거였다. 실패로 끝날 수도 있다는 의미였다.

원장이 길게 한숨을 토해낸 후, 성공 확률에 대해 물었다.

"반반이랍니다. "

"수술 시간은요?"

"아마 종일 걸리지 않을까요."

50퍼센트의 확률을 어떻게 받아들여야 할까. 실패하면 영원히 걷지 못하게 되는 것은 아닐까.

그러나 모두 이미 알고 있었다. 수술을 받지 않고 지금 상태라면 결국 실패와 동일한 결과가 되리라는 것을. 그런 의미에서 50퍼센트 확률을 너무 무겁게 받아들일 필요는 없었다. 이제껏 걸을 수 있다는 가능성만 바라보고 달려오지 않았던가.

수술을 결정했다. 듬직이로선 세 번째 받는 수술이었다.

결정을 내리자 많은 이야기가 오고 갔다. 수술 비용, 입원 기간, 간병……. 듬직이를 위해 감당해야 할 것들이었다.

며칠 후 수술 날짜가 정해졌다.

2017년 6월 20일.

보톡스 시술과 햄스트링 수술하고는 비교도 안 되는 큰 수술이었다. 기간이 일주일 이상이 걸리므로 간병 또한 문제였다. 회의 끝에 승희간호사와 영란엄마가 교대로 맡기로 했다.

***

수술하러 가는 날이 되었다.

기다리기도 했지만 피하고도 싶던 날이었다.

"병원에 입원해서 수술해야 돼."

두 차례의 수술 기억 때문일까, 듬직이의 얼굴이 당장 일그러졌다.

"우리 듬직이가 걸을 수 있도록 의사선생님들이 도와주신다네."

듬직이가 눈을 끔벅이더니 미소를 지었다. 걸을 수 있다는 말이 마냥 반가운 모양이었다.

말로 제대로 표현을 못 해도 얼마나 걷고 싶을까? 해오름방의 단짝인 태영이형처럼 동백원 곳곳을 제 발로 휘젓고 다니고 싶었으리라.

승희간호사는 가시처럼 찔러대던 50퍼센트의 확률을 무시하기로 했다. 100퍼센트 성공만 마음에 새겨두자고 다짐하며 동백원을 떠났다.

정오 무렵 병원에 도착했다.

각종 검사부터 받았다. 여느 때와 달리 듬직이는 혈액 검사를 하려 피를 뽑을 때도, 주사를 맞을 때도 울지 않고 잘 견뎌냈다. 걷고 싶다는 듬직이의 강한 의지가 엿보였다.

수술을 앞두고 분당 서울대병원 홍보팀에서 듬직이를 촬영했다.

MBC '꽃보다 듬직이' 촬영 때부터 시작된 인연이 보톡스 시술, 햄스트링 수술 등으로 이어져 듬직이가 서울대병원 홍보영상으로까지 나가게 된 것이다. 덕분에 수술비, 입원비 등 병원의 모든 비용은 무료로 제공받을 수 있었다. 듬직이와 동백원에는 큰 힘이 되었다.

큰 수술을 앞두고도 촬영이 즐거운 듬직이는 홍보팀이 원하는 대로 포즈를 취했다. 듬직이는 많은 사람들이 관심을 보이는 것에 즐거움과 행복을 느끼는 아이였다.

물론 듬직밴드 회원들도 많이 오셨다.

홍희전 회장님을 비롯하여 정미희 님, 쌍둥이엄마, 서울할머니, 대학생 미현 씨 등이 입원에 필요한 물건들을 한아름 들고 방문해 수술을 앞둔 듬직이를 격려했다.

일정을 마무리하고 저녁 9시가 넘어서야 듬직이와 승희간호사 둘만의 시간이 되었다.

"오늘 힘들지 않았어?"

위아래로 고개를 끄덕이는 듬직이.

"고생했어. 잘했어."

승희간호사는 듬직이의 머리를 쓰다듬어 주었다. 한마디 칭찬에 듬직이가 환하게 웃었다.

"이제부터는 아무것도 먹을 수 없어. 의사선생님이 내일 수술하려면 물도 마셔선 안 된대."

듬직이 얼굴이 금세 시무룩해졌다. 먹는 것을 누구보다 좋아하니 속이 상할 만했다.

"듬직이를 사랑하는 사람들이 얼마나 많은지, 잘 알고 있지?"

듬직이가 승희간호사를 빤히 쳐다보며 고개를 끄덕였다.

"모두 듬직이를 응원하고 있거든. 그러니까 힘내. 내일 수술 잘 받고, 재활 치료도 열심히 해서 꼭 걷자. 자, 약속."

승희간호사는 새끼손가락을 펴 내밀었다. 듬직이가 어렵사리 손가락을 걸었다.

"어... 어... 마."

약속을 마음에 새기려는 듯 듬직이가 더듬더듬 엄마를 불렀다.

왈칵, 눈물이 쏟아지려해 승희간호사는 서둘러 창밖으로 고개를 돌렸다.

삼혜원에서 처음 듬직이를 품에 안았던 장면이 떠올랐다.

목도 가누지 못하고, 손가락 하나 제대로 움직이지 못했던 듬직이. 영영 누워만 지낼 줄 알았던 아이가 여기까지 왔다. 이만큼도 기적이라 할 만했다.

그러나 정말 기적이 절실히 필요한 순간이 바로 내일이다.

＊＊＊

아침 8시. 건장한 남성 두 명이 수술실 침대차를 가지고 병실로 들어왔다.

"임듬직님, 수술실로 가겠습니다."

수술실까지 가는 길은 구불구불, 요리조리 길기도 길었다. 듬직이의 뒤를 따라가는 승희간호사의 마음의 길은 더 길고 복잡했다.

수술실 문 앞에 도착했다. 병원 직원이 벨을 누르자 수술실 안에서 간호사가 나왔다. 한 손에 차트를 든 채 듬직이와 서류를 번갈아 보면서 말했다.

"임듬직 님, 맞죠? 2010년 10월생 맞고요? 오늘 허리 수술하는 거 알고 계시죠? 보호자 분이신가요?"

"네."

"보호자 분은 여기서 기다리세요."

승희간호사는 수술실 밖 대기실에서 듬직이를 기다렸다.

대기실 벽 전광판에는 수술 중인 환자들의 이름이 표시되어 있었다. 시간이 지나면서 하나 둘 '수술 중'이 '회복 중'으로 바뀌었다. 그러나 가장 먼저 수술실로 들어간 듬직이는 여전히 수술 중이었다.

6시간째 승희간호사는 수술실 앞 대기실을 떠나지 않았다. 대기실 의자에 곤추앉은 채 전광판만 보고 있었다.

대학병원 수술실 간호사로서 수년을 근무한 승희간호사였다. 수술 진행 과정이 어떠한지 속속들이 알고 있었다. 막상 보호자로 나서니 머릿속이 뒤죽박죽 엉망이 된 느낌이었다.

마침내 전광판 표시가 바뀌었다. 이내 핸드폰 문자로도 연락이 왔다.

'임듬직 님. 회복실로 이동 중'

회복실에서도 면회는 금지였다.

승희간호사는 도리 없이 병실로 올라왔다.

오늘도 여전히 듬직밴드 회원들이 병실에 찾아왔다. 듬직밴드 회원들과 듬직이에 대한 이야기를 나누고 있을 때 듬직이가 병실에 들어왔다.

허리에 붕대를 칭칭 감고 링거 등 주사병을 주렁주렁 달고 나타난 모습이 안쓰러웠다. 마취가 덜 깨어서인지 듬직이는 자고 있었다.

조금 후 수술을 담당했던 의사선생님이 들어왔다.

"오늘 수술이 힘들기는 했지만 잘 되었습니다. 이제 경과를 지켜봅시다."

수술이 잘 되었다는 그 한마디에 승희간호사와 듬직밴드 회원들은 안도의 숨을 내쉬었다.

＊＊＊

"으으으으"

듬직이의 신음이 커지고 있었다. 통증이 또 시작된 모양이었다.

"듬직아, 많이 아파?"

대답 대신 고통스러운 얼굴로 팔을 뻗어 무통 주사를 가리켰다.

"삼십 분도 안 됐어. 또 눌러줘?"

듬직이의 표정을 보니 승희간호사는 차마 더 참으라고 말할 수 없었다.

수술 후 첫날은 마취가 덜 깨어서 그런지 잘 버텼다. 그러나 이튿날부터 20~30분 간격으로 버튼을 눌러 달라고 온몸을 비틀어댔다.

잘 움직이지 못하는 손으로 허리를 가리키면서 아픔을 호소했다. 입을 커다랗게 벌려 비명을 지르건만 아무런 소리도 나오지 않았다. 커다란 두 눈에서 뚝뚝 하염없이 눈물만 떨어뜨렸다.

'얼마나 아프길래 저럴까. 무통 주사 말고 아픔을 잊게 할 방법은 없을까.'

승희간호사는 듬직이의 관심을 다른 곳으로 돌리기 위해 별별 궁리를 다했다. 즐겨보는 만화영화를 틀어주었다. 좋아하는 초코우유도 먹이고, 신나는 동화책을 동작을 섞어가며 읽어줬다.

아무리 노력을 해도 소용이 없었다.

듬직이는 통증 탓에 식사도 제대로 못했다. 승희간호사도 마찬가지였다. 굶고 있는 듬직이를 두고 혼자 먹는다는 게 무책임하고 뭔가 잘못을 저지르는 것 같았다.

듬직이는 끙끙 신음을 토해내고, 마냥 지켜볼 수밖에 없는 승희간호사도 지치고 진이 빠졌다.

그때 병실 문이 드르륵 밀리면서 반가운 손님이 찾아왔다.

듬직밴드의 미희이모다. 병실에 들어서자 듬직이에게로 달려갔다.

"듬직아, 많이 아프지?"

미희이모가 연신 듬직이 손을 어루만졌다. 반가운 마음을 표시하려는 듯 듬직이는 고통으로 일그러진 얼굴로 애써 미소를 지어보였다.

미희이모는 커다란 가방 두 개에서 물건들을 쉴 새 없이 꺼냈다.

물티슈와 실내화, 어린이 칫솔과 간식, 최신형 장난감까지 없는 것이 없었다. 병원에서 필요할 성싶은 것들은 모조리 챙겨 온 모양이었다.

3일간 힘든 시간이 지났지만 아직도 5일이 남았다.

이제는 영란엄마가 간병할 차례였다.

입원실에 들어선 영란엄마는 듬직이와 승희간호사를 보자 안쓰러워 눈물부터 흘렸다. 제대로 잠을 자지도, 씻지도 못한 채 간호에 매달렸던 승희간호사 역시 눈물로 동료를 맞이했다.

영란엄마는 듬직이 갈아입을 옷과 과일, 간식 등 동백원에서 싸온 짐들을 풀었다. 승희간호사는 주의사항을 일러주고 떠날 채비를 했다.

듬직이는 조금씩, 더디게 회복되었다.

영란엄마의 하루는 온전히 듬직이에게 맞춰졌다. 매 끼니 밥을 먹여주고 대소변을 처리해 주고, 이런저런 이야기를 하며 놀다 보면 하루가 지나갔다.

6인 병실에서 같이 지내는 다른 환자들은 낮에는 대부분 엄마들이,

밤에는 아빠들이 찾아와 간병을 했다.

다른 병상의 아이들에게 아빠들이 찾아와서 위로하는 모습을 보며 듬직이는 무슨 생각을 할까. 영란엄마는 찾아와 줄 아빠가 없는 듬직이가 안쓰러워 밤이면 듬직이를 휠체어에 태워 산책을 나가곤 했다.

그래도 매일 듬직밴드 회원들이 문병을 와 위로해 줘 크나큰 힘이 되었다. 듬직이도 많은 사람들이 자신에게 관심을 갖고 찾아오는 것을 참 좋아했다.

드디어 9일 동안의 입원을 끝내고 퇴원하는 날.

듬직밴드 회원들이 시간 맞춰 병원으로 찾아와주었다.

일산의 김미진 님, 머리한엄마 님, 미현 님, 윤아 님, 홍희전 회장님, 미희이모 등 많은 분들이 듬직이의 퇴원을 축하해주었다. 서울할머니는 강남의 유명 빵집에서 맛있는 빵을 한아름 보내셨다.

입원해 있는 동안 너무 많은 선물을 받아 승희간호사가 카니발 차량을 가져왔는데도 간신히 실을 수 있을 정도였다. 듬직밴드 회원들의 사랑과 격려 속에서 동백원으로 출발했다.

장애인의 가장 견딜 수 없는 고통은 외로움이다. 멸시도, 냉대도, 무능력도 결국 외로움으로 흘러가기 마련이다. 하지만 듬직이는 외롭지 않다. 듬직이의 삶에 동행할 이들이 곁에 있고, 언제든 함께할 것이기 때문이다.

＊＊＊

퇴원 후 듬직이는 허리 통증에 시달렸다.

허리를 찢고 신경을 제거하는 큰 수술이었으므로 어느 정도 예상한 바였다. 허리 통증에 비해 강직에 의한 다리의 통증은 줄어든 듯했다. 그러나 아직 확신할 수 없었다. 허리 통증이 큰 탓에 미처 실감치 못하는 것일 수도 있었다.

한 달에 한 번, 분당 서울대병원으로 정기검진을 다녀야 했다.

듬직이의 허리 통증이 심해 장시간 앉아 있을 수 없었다. 자주 쉬면서 통증을 가라앉혀주기 위해 승용차를 타고 이동했다.

매월 둘째 주 금요일, 오후 3시부터 5시까지.

강직클리닉에서 두 시간 동안 검진이 이뤄졌다. 정형외과, 신경외과, 재활의학과 세 과가 협진하는 클리닉이었다. 최고의 시스템을 갖추고 있으니 대기 환자가 많았다. 진료를 받을 수 있다는 것만으로도 듬직이에게는 큰 행운이었다.

수술 후 두 번째 정기검진을 받는 날이었다.

아침 7시에 여수를 출발해 서둘러야 겨우 12시 안에 병원에 도착할 수 있었다.

병원에서 간단히 점심을 먹고 나면 몇 가지 검사를 받아야 했다. 이후 병원 복도에서 이름이 불릴 때까지 기다렸다.

듬직이는 연신 하품을 깨물었다. 기다림이 지루하기도 할 테고 아침 일찍 서두른 탓도 있었다.

승희간호사에게는 가슴 조여야 하는 초조한 시간이었고, 간절한 기도의 순간이었다.

이번에는 부디 좋은 결과가 나와야 한다. 그래야 마땅하다. 모두의 염원대로 좋은 소식을 전해야 한다.

긴 기다림 끝에 담당의사를 만났다.

담당의사는 듬직이의 다리를 이리저리 꼼꼼히 살폈다. 담당의사의 손길과 눈빛을 바라보는 승희간호사의 속은 새까맣게 타들어갔다.

"듬직이 많이 좋아졌네. 강직도 많이 완화되고, 아주 좋아요."

알아들었다, 분명히. 그럼에도 승희간호사는 담당의사를 향해 물었다.

"무슨 말씀인지…….."

"이제 많이 좋아졌으니, 다음 진료는 6개월 후입니다."

애타게 기다리던 소식이건만 왜 실감이 나지 않는 걸까. 승희간호사는 도리 없이 되물었다.

"정말 좋아졌나요?"

"네. 아주 많이 좋아졌어요. 재활 치료만 열심히 받으면 되겠어요."

"아, 고맙습니다."

수백 번 감사의 말을 전해야 옳았다. 그러나 주책없이 목이 메어 승희간호사는 연거푸 고개를 숙여 인사만 했다.

승희간호사는 진료실을 나와 듬직이를 힘껏 안았다.

"잘했어, 잘했어, 아주 잘했어."

듬직이가 활짝 웃었다. 승희간호사도 따라 웃었다. 그러나 눈가에는 그렁그렁하게 눈물이 고였다. 웃고 울어도, 마음만은 구름 위를 거닐 듯 가벼웠다.

동백원 식구에게 해줄 말이 많았다. 만나는 사람마다, 그리고 두고 두고 아껴가며 할 말이었다.

'몸 상태가 아주 좋답니다.'

'재활 치료만 열심히 하랍니다.'

'의사선생님께서 이젠 6개월 후에나 오라네요.'

승희간호사는 콧노래를 부르며 동백원을 향해 출발했다. 5시간 걸리는 먼 길이었지만 상관없었다. 평소보다 더 많은 시간이 걸릴지도 몰랐다.

휴게소마다 들러 듬직이가 좋아하는 간식을 잔뜩 사주리라.

3. 수치료

야간 근무 중 새벽에 잠깐 잠이 든 영란엄마는 눈을 뜨는 순간, 이상한 느낌에 사로잡혔다.

몸을 일으켜 옆자리를 바라보았다. 미간을 찌푸리지도, 볼을 일그러뜨리지도 않은 채 곤히 잠들어 있는 듬직이. 등을 바닥에 길게 편채 아주 편안한 자세였다. 행복한 꿈이라도 꾸는지 입가에 미소마저 머금고 있었다.

"세상에나!"

영란엄마는 탄성을 토해냈다.

2년이 넘게 듬직이의 자는 모습을 봐왔다. 강직 때문에 항상 몸을 잔뜩 웅크리고 잤고, 통증 때문에 몇 번씩이나 깨어나 칭얼거렸다. 그때마다 다독여 다시 재워야 했다.

그런데 간밤에는 달랐다. 듬직이는 한 번도 깨지 않고 아침까지 편안한 모습으로 자고 있었다.

드디어 고통 없이 잠들 수 있게 된 것일까. 오랫동안 기대하며 기다렸던 일이 끝내 이뤄진 듯했다.

즉시 영란엄마는 듬직이의 변화를 동백원 식구들에게 알렸다.

다시 치료 회의가 열렸다.

신경근 절제 후 강직이 많이 풀렸다. 듬직이를 괴롭혔던 고통이 줄어들었다는 뜻이었다. 그러나 마냥 좋아할 수는 없었다. 강직이 이완된 만큼 근력이 떨어져 있었다.

근력을 강화시킬 방법에 대해 회의가 거듭되었다.

수치료를 받아보자는 데로 의견이 모였다. 물의 부력과 압력을 이용하는 수치료는 근육 이완과 근력 강화에 탁월한 효과가 있는 것으로 알려져 있다.

한편 염려하는 시각도 있었다. 듬직이가 현재 받고 있는 치료도 만만치 않았다. 수치료까지 더해진다면 상당히 힘들 것이지만 포기할 수 없었다.

동백원 엄마들은 듬직이의 미래를 위한 치료라면 망설이지 않았다. 듬직이가 힘들어하고, 엄마들은 일이 늘어나 버거울지라도 기꺼이 받아들여 왔다.

순천 평화병원에 수치료실이 잘 되어 있었다. 수치료 전문 물리 치료사도 있었다.

1주일에 두 번씩 다니는 것이 문제였다. 결국 영란엄마가 맡기로 했다. 근무인 날은 물론 근무가 아닌 날에도 오로지 듬직이를 위해 나섰다.

수치료 가는 날은 듬직이도 학교를 조퇴해야 했다. 영란엄마가 수업 중인 듬직이를 데리고 나왔다.

"자, 이제 수치료 출발."

"네!"

영란엄마의 신호에 듬직이가 고음으로 대답한다. 마치 결전의 순간에 각오를 다지는 용사처럼 씩씩하다.

영란엄마는 듬직이와 호흡이 잘 맞는 한 팀이길 원했고, 듬직이는 그 마음을 잘 따라주었다.

차로 이동하는 동안 댄스음악을 틀어주면 듬직이는 온몸을 흔들어가며 즐거워한다. 40분 정도 걸리는 거리다. 주차장에 차를 세우고 특수유모차를 펼쳐 듬직이를 태운다.

지하 1층에 있는 수치료실에 들어서면 듬직이는 손을 흔들며 치료사들에게 인사를 한다. 수영장에서 수치료 중인 친구들과 어른들에게도 일일이 손을 흔들어 보인다. 모두들 듬직이의 이름을 부르며 반긴다.

간단한 샤워를 마치고 매트 위에서 수영복으로 갈아입힌다.

수영복을 입히는 동안 듬직이는 알 수 없는 단어들을 계속 소리친다. 수영장의 울림으로 메아리가 되어 되돌아오는 제 목소리가 신기한 모양이다. 영란엄마는 말리지 않는다. 듬직이가 자신의 존재를 확인하고 있는 듯해 오히려 대견하다.

수치료사가 수영장에 들어오면 바로 수치료가 시작된다. 30~40분정도 계속되는 수중 치료다.

먼저 힘 빼는 연습부터 시작한다. 듬직이 혼자 떠 있는 것이다. 치료사의 도움으로 물 위에 가만히 띄우면 듬직이는 이내 몸에 힘을 주며 움직여 가라앉는다. 하지만 조금 기다리면 다시 물 위에 혼자 뜬다.

어느 정도 시간이 지나면 치료사가 듬직이의 겨드랑이를 잡아줘 서 있게 한다. 치료사의 지지 없이 스스로 버티기, 손 뻗기, 물장구치기 등의 훈련으로 이어진다.

물에서 하는 치료는 부력 때문에 훨씬 자연스러워 근력을 키우기엔 유용하지만 과정은 여느 치료와 마찬가지로 힘겹다. 다행히 듬직이가 물을 좋아해 잘 견뎌낸다.

훈련이 막바지에 다다르면 치료사는 듬직이 입에 물총을 물려준다. 듬직이가 기다리던 순간이다.

듬직이는 물총을 입에 물고 배에 힘을 준다. 힘껏 숨을 내쉬면서 수영장 밖에 있는 사람들에게 물총을 쏘아댄다.

허둥대는 사람들 모습을 보며 깔깔깔 웃어대는 듬직이. 물총을 맞은 사람들도 듬직이의 장난에 맞추어 듬직이 이름을 불러주며 즐거워

한다.

듬직이는 특히 영란엄마를 겨냥하는 것을 좋아한다. 영란엄마는 물총이 닿을 만한 거리까지 일부러 다가가 허둥지둥 한껏 당황한 표정을 지어보인다.

옷이 흠뻑 젖곤 했지만 상관없었다. 고통에 익숙한 아이이기에 작은 기쁨일지라도 커다랗게 확대해서 맛보게 해주고 싶은 게 영란엄마의 마음이었다.

수치료를 마치면 샤워를 시키고 옷을 갈아입힌다. 물에 젖은 수영복을 벗기는 일은 만만치 않다.

수술로 강직이 많이 풀어졌다고는 하지만 그래도 강직형 뇌병변 장애가 있는 아이다. 굽혀져 있는 팔과 다리를 펴가면서 물에 젖은 수영복을 벗기는 일이라니, 직접 해보지 않고선 그 어려움을 알 수 없을 것이다.

병원을 나서기 전, 듬직이는 영란엄마를 보며 손으로 매점을 가리킨다. 힘든 수치료를 잘 마쳤다는 뜻으로 매점에 들러 간식을 사주곤 했더니 이제 습관이 되어 당연히 매점에 들르는 줄 알고 있다.

영란엄마는 듬직이의 귀여운 애교에 번번이 넘어간다.

듬직이가 좋아하는 간식은 대부분 초코가 든 과자 종류다. 간식을 물려주면 부지런히 입을 오물거리며 먹는다.

"엄마도 한 입만?"

듬직이는 자못 심각한 낯으로 영란엄마와 손에 든 간식을 번갈아보다 내민다.

"엄마는 됐어, 듬직이가 다 먹어."

안심했다는 것인지, 엄마의 마음을 알겠다는 뜻인지 듬직이가 환하게 웃는다.

"듬직아 오늘은 순천 시내에 들렀다 갈까?"

동백원에서 출발할 때 승희간호사의 부탁이 있었다. 수치료 끝나고 올 때 조례동에 있는 순천종로약국에 들러 후원 물품을 받아와 달라는 것이었다.

듬직이를 태운 유모차를 밀고 약국에 들어선 순간, 조명 약사님이 밝은 얼굴로 반긴다.

"듬직아, 어서 와. 그동안 잘 지냈어?"

약사님은 듬직이에게는 홍이장군을, 영란엄마에게는 "힘드시지요?" 하며 음료수를 권한다.

순천 종로약국은 동백원에 정기적으로 약을 후원해주는 곳이다.

듬직이에게 필요한 의약품, 동백원 다른 식구들을 위한 모기약과 소화제와 구충제까지 듬뿍 챙겨준다.

영란엄마는 선물 보따리를 안고 유모차를 밀면서 약국을 나선다. 얼마쯤 가다 돌아보니, 약사님이 그때까지 뒷모습을 지켜보고 있었는지 대뜸 손을 흔든다.

이 세상이 아름다운 것은 이렇게 서로를 생각하고 아끼면서 살아가는 사람들이 많기 때문이지 않을까.

동백원 도착하면 곧바로 재활 치료실로 이동한다.

연달아 이루어지는 치료에 지칠 만도 하건만 듬직이는 늠름하다.

재활 치료의 의미를 잘 알고 있기 때문이다. 또한 반드시 성공하겠다는 듬직이의 의지가 담긴 씩씩함이다.

이렇듯 매일매일 듬직이는 자신의 미래를 위해 안간힘을 쓰고 있다.

***

장애인을 위한 거주시설인 동백원은 1년 365일 하루도 쉬는 날이 없다.

식당 역시 마찬가지다. 조리원들은 매일 새벽 5시 30분까지 출근을 해야 한다. 동백원 가족들의 맛있는 아침을 위해 자신의 아침을 기꺼이 포기하는 사람들이다.

출근과 동시에 식사 준비에 들어간다.

조리원들은 매 끼니마다 두 종류의 식사를 마련해야 한다.

동백원에는 밥을 스스로 먹지 못하는 장애인들이 약 25명 정도 된다. 잘 씹지 못하거나 목으로 넘기는 과정에 어려움을 겪기에 먼저 이들을 위한 밥과 반찬을 조리한다.

조리한 음식이 나올 때쯤 생활교사들이 와서 25명 분의 다진식을 만든다. 장애인들이 먹기 쉽게 모든 반찬을 가위로 잘게 썰어 다져야 하기 때문에 다진식으로 이름을 붙였다. 다진식을 위해 서너 명의 생활교사들이 매달린다.

다진식을 개별 식판에 담아 이동차를 이용해 각 방으로 배달한다.

예전에는 이동차를 손으로 밀고 다녔는데 생활교사들의 수고로움을 덜기 위해 동백원에서는 전동카를 특별히 제작했다. 핸들만 조작하면 알아서 가니 조금 수월해졌다.

방에 밥이 도착하면 상대에 맞춰서 밥을 떠먹여 준다. 한 명의 직원이 대략 두세 명을 맡아서 밥을 먹여야 한다. 식사를 하며 서로 눈빛으로, 표정으로, 손짓으로 이야기를 나눈다.

듬직이에게는 휠체어의 테이블에 식판을 놓아주고 혼자 먹도록 지도한다.

그러나 아직 혼자서 밥을 먹기가 힘들다. 오른손보다는 왼손이 더 힘이 있는데, 왼 손목의 굴절 현상이 심해 숟가락을 제대로 들 수가 없는 탓이다.

엄마들이 숟가락에 밥과 반찬을 얹어 절반 정도 높이까지 들어주면 그때야 듬직이가 입에 가져가서 넣는다. 숟가락을 들면서 듬직이의 입을 벌리기 위해서는 엄마들이 먼저 입을 벌린다. "아!" 하면서 입을 벌리면 듬직이도 따라 입을 벌린다. 입에 들어간 음식을 잘 씹도록 엄마들은 듬직이와 눈을 맞춰가면서 씹는 모습을 시범 보인다.

장애인들이 식사를 마치고 물까지 다 마시고 나면 바로 양치질을 해야 한다. 스스로 양치를 하기 어렵다 보니 직원들이 양치질까지 도와준다.

중증 장애인들의 식사가 끝이 나면 스스로 밥을 먹을 수 있는 장애인들과 직원들이 식당에 가서 함께 식사를 한다.

　그렇다고 편하게 밥을 먹을 수는 없다.

　장애인들 중간중간에 앉아서 생선이 나오면 가시를 발라줘야 하고 고기가 나올 때는 잘게 썰어주는 등 끊임없이 살피며 밥을 먹어야 한다.

　동백원에서는 매일, 매 끼니를 이렇게 돕고 어울리며 살아간다.

4. 리모컨과 핸드폰

2017년 무더운 여름.

듬직이에게 놀라운 선물이 도착했다. 서울할머니께서 듬직이를 위해 대형 벽걸이 TV를 보내온 것이었다.

기존에 소형 TV는 다른 방으로 옮기고 듬직이 방에 대형 TV를 설치했다. 서울할머니의 선물이라고 알려주니 듬직이가 행복한 미소를 지었다. 이제 자신만의 TV가 생겼다는 만족감이 담긴 미소였다.

서울할머니는 '꽃보다 듬직이' 방송으로 인연을 맺은 이후 듬직이의 든든한 후원자였다. 듬직이를 서울로 초대해 최고급 호텔에 머물게 했고, 직접 여수까지 내려와 듬직이에게 멋진 추억과 많은 선물을 안겨주신 분이었다.

나만의 TV를 한창 즐기는 듬직이.

듬직이의 즐거움에 위기가 닥쳤다. 지훈이형이 해오름방으로 옮겨온 것이었다.

병원에 입원했다 퇴원한 지훈이형에게 의료용 침대가 필요했다. 배치 과정에서 2층 생활방 중 가장 넓은 해오름방으로 결정했다.

지훈이형은 자폐가 심해 종일 혼자만의 세계에 살았다. 유일한 취미는 TV를 즐겨 보는 것이었다.

지훈이형은 노래를 좋아해 가요무대나 전국노래자랑 같은 채널을 즐겨 보았다. 반면 듬직이는 오로지 만화영화였다. 당연히 둘은 리모컨을 놓고 싸우곤 했다.

듬직이가 아침을 먹고 오니 지훈이형이 리모컨을 차지한 채 가요 무대를 보고 있었다. 리모컨을 뺏을 힘이 없는 듬직이로선 TV를 보면서 입을 삐죽거리며 울 도리밖에 없었다.

듬직이는 헬로카봇이라는 만화영화에 푹 빠져 있었고, 이번 주부터 시작하는 새로운 시즌을 손꼽아 기다렸다.

드디어 그날이 왔다. 스쿨버스에서 내리자마자 진희엄마에게 손짓을 해가며 재촉을 했다. 듬직이는 방에 도착하자마자 리모컨이 있는 곳까지 필사적으로 기어갔다.

리모컨을 잡으려는 순간, 어디서 나타났는지 지훈이형이 낚아채 달아났다. 그러고는 리모컨을 주머니에 쏙 넣었다.

번번이 리모컨 쟁탈전에서 패배한 듬직이가 생활관이 떠나가라 서럽게 울었다.

진희엄마가 황급히 달려왔다. 듬직이가 손으로 지훈이형의 호주머니를 가리켰다. 자신이 지을 수 있는 가장 불쌍한 표정으로.

진희엄마는 지훈이형에게 동생인 듬직이에게 리모컨을 양보해 달라고 부탁했다.

분한 표정으로 주머니에서 리모컨을 꺼내는 지훈이형, 리모컨을 받고 환하게 웃는 듬직이.

이후로도 둘의 리모컨 쟁탈전은 점점 심해졌다. 이를 해결하기 위해 번번이 엄마들이 나서야 했다. 둘을 앉혀놓고 각자 반드시 봐야 하는 프로그램을 몇 개 정하도록 했고, 그 프로그램이 방영될 동안 서로 방해하지 않겠다는 약속을 받아냈다.

하지만 그런 약속이 무슨 소용이 있겠는가. 알겠다는 듯한 표정을 지었을 뿐이었다.

다음 날이면 또다시 벌어지는 리모컨 쟁탈전.

듬직이가 지훈이형에게 리모컨을 빼앗기면 온 방이 떠나가도록 울고, 자신이 차지하면 승리의 환호성을 지르며 소란스럽게 했다.

근본적인 해결책은 TV를 하나 더 사거나 둘의 방을 나누는 것이었다. 방 조정이 어려워 결국 TV를 작은 것으로 하나 더 사서 맞은편 벽에 걸어 줬다.

지훈이형에게 작은 TV가 자신의 몫이라는 것을 그렇게 설명했건만 듬직이가 자리를 비울 때면 어김없이 커다란 TV를 차지했다. 그래도 듬직이가 나타나면 슬그머니 돌아앉으니, 엄마들로선 고마울 따름이었다.

* * *

점심 시간. 엄마들이 해오름방 밖 복도에서 식판을 정리하고 있을 때였다.

'아' 하는 듬직이의 외마디가 들려왔다. 복도에 있는 모두에게 들릴 정도의 큰소리가 계속 이어졌다.

엄마들은 하던 일을 멈추고 급하게 방으로 뛰어갔다. TV가 떨어지기 직전이었고, 위태롭게 흔들리는 TV를 겨우 잡을 수 있었다.

TV를 앞뒤로 흔든 것은 태영이었다. 전원이 켜지지 않아 고장이라도 났다고 생각한 모양이었다. 처음에는 조금씩 흔들더니 재미있는지 점점 더 격하게 흔들었다. 누워서 그 광경을 지켜보던 듬직이가 도움을 요청하기 위해 소리를 친 것이었다.

사실, 듬직이는 복부 근육이 약해 소리를 크게 내지 못했다. 언어 치료를 할 때도 항상 복식 호흡 자세를 취하고 발성 훈련을 했다. 그런 듬직이가 전력을 다해 소리친 것이었다. 듬직이 덕분에 누구도 다치지 않았다.

엄마들은 가슴 벅찬 감동을 맛보았다. 누군가를 위해 필사적으로 손을 내민 행동은 듬직이의 착한 심성을 여실히 보여주는 것이었다.

그 이후에도 엄마들은 듬직이의 외침을 종종 들을 수 있었다. 태영이가 위험하게 난간에 걸터앉아 있거나, 뜨거운 걸 잡으려 할 때마다 듬직이는 어김없이 '아' 하고 소리쳤다.

그리고 '아' 소리는 여러 종류로 발전했다. 태영이가 위험한 행동을 할 때는 높고 긴 '아' 소리를 냈다. 태영이의 흐르는 침을 닦아달라고 말할 때는 짧게 반복적으로 '아, 아' 하며 손가락으로 태영이의 턱밑을 가리켰다.

듬직이는 태영이형을 좋아했다. 듬직밴드 이모들에게 간식을 받으면 늘 태영이형의 몫을 따로 챙겼다. 당장 먹고 싶어도 꾹 참았다가 태영이가 나타나면 함께 과자 봉지를 열어 나눠 먹었다.

늘 도움을 받기만 하는, 가장 약한 아이인 듬직이. 그러나 자신의 위치에서 누군가를 도우려 손을 내밀 줄 아는 아이였다.

***

"야~~~야 거~~~~거 기 말고 오 오 른 쪽."

정일이형이다.

말하는 동안 온몸이 뒤틀리고 얼굴이 일그러졌다. 듬직이는 그런 형을 쳐다보면서 열심히 손가락을 움직였다.

"거 거 거 거기 화 화 화살표 있잖아."

듬직이가 손가락을 움직일 때마다 정일이형은 말했다.

"거 거 거 기 누~~~울 러."

정일이형은 강직으로 인해 몸이 뒤틀려진 상태였다. 특히 말을 할 때는 듣는 사람이 부담스러울 정도로 강직이 훨씬 심해졌다.

말을 하기 위해 먼저 얼굴이 벌겋게 달아올랐다. 어느 정도 얼굴이 달아오르고 양 볼에 힘이 들어가야 말이 나왔다. 그러면서 강직으로 인해 온몸이 옆으로 기울어졌다. 당장이라도 뒤로 넘어질 듯 위태로워 보였다.

정일이형은 빨리 말을 하지 못했다. '거기 눌러'라는 말을 하는데, 몸의 강직이 시작되면서 말이 끝날 때까지 대략 2~3분이 걸렸다.

성질이 조금 급한 사람은 정일이형 이야기를 듣다 자리를 뜨곤 했다. 듣고 있노라면 숨이 막혀 기절할 수도 있겠구나 하는 생각이 든다는 이들도 있었다. 정말 어지간한 인내가 아니고선 끝까지 듣기 힘들었다.

듬직이는 달랐다. 정일이형의 말을 열심히 들으며 시키는 대로 화살표를 눌렀다. 태블릿PC로 영화를 보는 정일이형에게서 그 방법을 배우는 중이었다.

다시 돌아 엎드린 정일이형이 한참 동안 숨을 몰아쉬다가 말했다.

"자~~~자~잘 해~~~어~~~었어."

정일이형이 듬직이에게 구글의 플레이 스토어를 알려준 것이었다.

플레이 스토어는 듬직이에게 새로운 세상이 되어 다가왔다.

"거~~~~~~~~거~~기서 ~~~~소 손~~가~"

말을 하고 있는 정일이형보다 듬직이의 손가락이 더 빨랐다. 손가락을 움직이니까 수많은 게임이 나타났다.

정일이형은 다시 한참을 쉬었다

"니~~~~~~~~~마~~~마~~~암에 ~~~~~"

그 사이에 듬직이는 마음에 드는 게임을 골랐다. 가장 좋아하는 블록 쌓기 게임이었다.

듬직이의 행동에 만족한 정일씨는 드디어 긴장을 풀고 편안한 자세로 돌아왔다.

이정일, 강직형 뇌병변 장애.

정일씨는 어렸을 때 제대로 치료를 받지 못했다. 손과 발을 자신의 뜻대로 움직일 수 없었다. 대단히 힘들어하긴 해도 의사소통은 가능했다.

7살이 되던 1988년에 동백원에 들어왔다. 그동안 동백원에서는 정일씨에게 정말 많은 노력을 기울였다.

처음에는 물리 치료로 좋아지리라 생각했기에 열심히 치료를 받게 했다. 10년을 넘게 치료를 했지만 그다지 변화가 없었다. 조금이라도 나아지리라는 믿음은 이미 고착화된 신체 조건 앞에 무너질 수밖에 없었다.

의지대로 몸을 움직이게 하려던 치료는 포기했다. 대신 정일씨가 정신적으로 원하는 것을 해주기로 했다.

정일씨는 시인이 되고 싶다고 했다.

시를 쓰기 위해서는 좋은 시집을 많이 읽어봐야 한다 생각하여 윤동주 시인을 비롯한 유명 시인의 시집을 여러 권 샀다.

담당 직원이 책받침에 시집을 펼쳐 정일씨의 시선에 맞춰서 놓아주었다.

시 한 편을 소리 내어 읽는데 대략 5~10분, 두 페이지를 읽는데 20분 가량 걸렸다. 정일씨는 혼자 힘으로 책장을 넘길 수가 없었다. 두 페이지를 다 읽으면 정일씨가 소리를 질렀고, 담당 직원이 달려와 책장을 넘겨주었다.

힘들지만 그런 방식으로 정일씨는 시집을 읽고 또 읽었다. 직원들은 그때마다 책장을 넘겨줘야 했다. 담당 직원이 가까이 있을 때는 문제가 없었다. 그러나 멀리 있거나 깜빡하면 정일씨는 책장을 넘겨줄 때까지 같은 페이지를 계속 읽어야 했다. 읽다 잠들 때도 있었지만 포기하진 않았다.

시집을 많이 읽었을 즈음, 다음 단계는 직접 시를 쓰도록 돕는 거였다. 시인 한 분을 초빙해 정일씨에게 시 쓰기를 가르쳤다. 2년여를 서로 열심히 노력했지만 마음에 드는 시를 써내지는 못했다.

그 사이 태블릿 PC가 나왔고, 정일씨가 갖고 싶어했다. 동백원에서는 구입부터 사용까지, 정일씨가 쓸 수 있도록 도왔다.

머리맡에 태블릿PC를 놔둔 정일씨는 직원의 도움을 받아가며 세상과의 소통을 마음껏 즐겼다. 주로 영화를 봤다. 1시간 반에서 2시간 걸리는 상영 시간 덕분에 직원의 수고도 그만큼 줄어든 셈이었다. 이제 정일씨는 드라마도 보고 야구 경기도 즐겼다.

그러면서 PC를 다루는 지식이 늘어났다. 그 지식을 정일씨는 듬직이에게 알려주고 있었다.

영란엄마나 진희엄마도 알려주고 싶지만 그럴 만한 시간이 없었다. 듬직이에게만 매달릴 상황이 아니었다. 듬직이보다 더 힘든 장애인들을 돌봐야 했다.

정일씨는 듬직이보다 서른 살 가까이 많았다. 세상의 기준으로 보면 조카뻘이 되는 듬직이에게 무엇이든 도움을 주고 싶어했다.

정일이형의 도움으로 듬직이는 PC를 알아가고 게임을 즐기게 되었다. 그러나 아무래도 정일이 형의 태블릿 PC를 사용하니까 눈치가 보이는 모양이었다.

듬직이는 자신만의 핸드폰을 원했다. 뒤늦게 알아차린 엄마들은 듬직이에게 핸드폰을 사주는 것이 과연 옳은지 고민했다. 게임에 중독되는 것은 아닐까 하는 걱정도, 눈이 나빠지리라는 염려도 있었다.

그러나 핸드폰은 듬직이에게 세상과 소통하는 도구가 될 듯했다. 동백원과 여명학교와 치료실을 벗어나, 더 넓은 세상을 경험하게 해 줄 수 있으리라. 듬직이와도 이런저런 이야기를 나눈 끝에 결국 핸드폰을 구입했다.

자신만의 핸드폰을 손에 쥔 날 듬직이는 마치 온 세상을 얻은 표정이었다. 듬직이는 평상시에는 TV로, 기립기에 서 있을 때는 핸드폰을 통해 세상과 소통했다.

정일이형 덕분에 듬직이는 새로운 세계를 알아가고 있었다.

듬직이는 매일 저녁 식사 후 1시간 정도 기립기에 서 있어야 했다. 다리 근력을 강화하기 위한 훈련이었다. 그때 핸드폰으로 게임을 하거나 유튜브를 즐겼다. 아마 게임이나 유튜브가 없었다면 1시간을 버티기 힘들었을 것이다.

그렇게 유튜브를 즐기는 듬직이가 최근에는 유튜브에 영상을 올렸다. 듬직이가 게임을 하는 영상이고 짧기는 하지만 그래도 유튜브에 듬직이 혼자 힘으로 영상을 올렸다는 것이 대단했다. 요새 듬직이가 원하는 것은 유튜브 영상을 올리기 위한 카메라다.

듬직이가 기립기에서 게임이나 유튜브 삼매경에 빠져 있을 때, 음악을 크게 틀고 듬직이 앞뒤로 오가는 형이 있었다.

삼촌뻘인 병은이형.

병은씨도 강직형 뇌병변 장애인이다. 안타깝게도 어렸을 때 치료시기를 놓쳐버렸다. 다행히 오른발과 발가락은 자신의 뜻대로 통제가 가능했다. 이를 알게 된 병은씨 아버지가 전동 휠체어를 조금이나마 조절할 수 있게 했다. 동백원에 들어와서 전동 휠체어를 좋은 것으로 바꾸고 조절장치를 업그레이드했다.

병은씨는 오른발 엄지발가락으로 전동 휠체어를 운전 했다. 처음에는 위태위태했으나 점점 실력이 늘어 이제는 동백원 구석구석을 맘껏

다니게 되었다.

휠체어 운전 실력이 향상된 것을 확인한 엄마들이 다음 목표를 세웠다. 그동안 이동이 너무 어려워 학교에 갈 엄두를 내지 못했었다. 그러나 이동이 가능해졌기에 약간의 도움만 있으면 학교를 다닐 수 있다고 생각했다.

병은씨는 서른이 넘은 나이에 여명학교 초등부에 입학하였고 이제는 고등부 1학년이다. 언어 표현이 어려워서 의사소통이 쉽지는 않았다. 하지만 많은 곳을 돌아다니며 사람들과 사귀며 친밀하게 살아가는 병은씨였다.

동백원에서는 병은씨의 가능성을 믿고 핸드폰을 사용하도록 도왔다. 수없이 많은 연습을 통해 지금은 발가락으로 카톡이나 문자 메시지를 보낸다. 인터넷 검색을 하고 유튜브 조작도 척척 해내고 있다.

카톡이나 문자 메시지는 휴대폰의 문장 자동완성 기능이 한몫 톡톡히 한다. 덕분에 오탈자 없는 완전한 문장으로 가까운 사람들과 소통하고 있다.

아일랜드 영화 '나의 왼발' 주인공 크리스티 브라운은 왼발로 그림을 그리고 소설을 썼다. 병은씨 역시 오른발 엄지발가락으로 모든 것을 해냈다.

병은씨는 음악 감상을 좋아했다. 특히 찬송가를 즐겨 들었다. 블루투스 스피커를 휠체어 뒤에 꽂은 채 동백원 안을 두루 돌아다니면서

복음을 전파했다.

병은이형에게 듬직이는 사랑스러운 조카이자 동생이다.

듬직이가 기립기에서 힘겹게 치료 겸 훈련을 하고 있으면, 병은이형은 어느 틈엔가 다가간다. 듬직이 앞뒤로 오가며 찬송가를 들려준다. 듬직이를 향한 병은이형의 사랑 방법이다.

찬송가보다는 게임에 빠져 있는 듬직이지만 언젠가는 듬직이도 자신처럼 찬송가를 좋아하고 사랑하는 날이 오리라 굳게 믿는 병은이형이다.

동백원은 듬직이에게 가족이자 가장 큰 세상이다.

동백원에는 지훈이형처럼 듬직이를 슬프게 하는 형도 있고, 정일이형이나 병은이형처럼 듬직이를 위해 사랑을 나누고 신세계를 알려주는 형들도 있다.

그렇게 서로 어울리면서 살아간다.

그것을 동행이라고 믿고, 그러한 사람들이 동백원에 산다.

3장. 아름다운 동행

눈물, 한없이 가슴 설레는 따뜻한 눈물이었다.
아이들이 지친 엄마에게 나눠준 사랑의 선물이었다.

1. 가정 체험

　설이나 추석 같은 명절에, 동백원에서는 장애인들의 원가정에 연락을 한다. 명절만이라도 가족과 함께 보낼 수 있도록 하기 위해서이다.

　이번 추석에도 해오름방의 태영이와 지훈이는 자신들의 집으로 갔다. 그러나 돌아갈 원가정이 없는 듬직이는 동백원에 남았다.

　연휴 기간 집에서 쉬던 진희엄마는 잠시 동백원에 들렀다. 혼자 있을 듬직이가 걱정이 된 탓이었다.

　듬직이를 깜짝 놀라게 해줄 요량으로 조용히 방문을 열고 문틈으로 들여다봤다.

　듬직이는 TV를 보고 있었다. 히죽히죽 웃으며 세상에 부러울 것 없다는 표정으로 TV 시청에 빠져 있었다. 지훈이가 자리를 비운 연휴 동안 보고 싶은 채널을 마음껏 선택하니 마냥 좋은 모양이었다. 혼자 남아 외로워하지나 않을까 걱정한 진희엄마만 머쓱해졌다.

　그러나 돌아서는 진희엄마 마음은 저릿했다.

왜 듬직이라고 가정을 찾아 떠난 친구들이 부럽지 않겠는가?

그 후 듬직이의 가정 체험을 시도하기로 했다.

"준비됐나요?"

"네."

진희엄마의 물음에 냉큼 대답하는 듬직이.

말끔하게 차려입은 듬직이가 홍조 띤 얼굴을 하고 온몸으로 기쁨을 표현했다. 진희엄마 집에서 가정 체험을 하기로 한 날이었다.

듬직이는 진희엄마 집에 가기를 손꼽아 기다려 왔다. 게다가 좋아하는 혜원이누나까지 만난다니, 듬직이의 기쁨은 두 배가 되었다. 혜원이누나는 동백원으로 자원봉사를 올 때마다 듬직이를 각별하게 챙겨주는 누나였다.

가정, 누구에게나 소중한 보금자리이다. 사람은 가정이라는 울타리 안에서 평화와 안식을 맛보며, 행복을 실감한다.

스웨덴의 경우 '국가를 편안한 가정처럼' 만들겠다는 슬로건을 내걸 정도로, 가정이라는 공동체를 소중한 가치로 여기고 있다.

동백원에서도 최대한 가정의 모습을 닮으려 노력하고 있다. 하지만 근본적인 한계에 맞닥뜨릴 수밖에 없다. 그중 하나가 장애인을 돌보는 인원이 부족한 점이다.

동백원에는 장애인 80명에 치료사, 생활교사, 사무직원, 조리사를 포함해 47명의 직원이 있다. 동백원을 방문하는 이들은 장애인에 비해 직원의 수가 많다고 놀란다. 과연 그럴까?

북유럽 국가들, 아니 가까이 일본만 해도 동백원과 비슷한 규모의 시설이라면 200명의 직원이 있다. 이 정도가 되어야 질 좋은 서비스를 제공할 수 있다. 장애인 개개인에 적합한 맞춤 서비스가 가능하다.

우리나라는 선진 복지국가를 내세우고 있다. 적어도 겉으로는 그렇다. 그러나 실상은 어떠한가. 아직도 북유럽국가와 일본의 1/4 정도 수준의 장애인 복지를 하고 있는 셈이다.

이러한 열악한 조건에서도 동백원은 장애인들이 가정의 평안함을 느낄 수 있도록 노력을 하고 있다. 그 일례로 장애인들이 원가정에서 함께 지낼 기회를 갖게 하는 것이다. 특히 명절만이라도 가족과 함께 지낼 수 있게 원가정에 부탁을 한다. 원가정이 경제적인 여유가 없다면, 동백원에서 경비를 지원해 2박 3일 정도 펜션에서 지내도록 돕는다.

만일 원가정과 연락이 끊기거나 같이 지낼 형편이 못 되는 경우, 직원 중 희망자를 모집해서 가정 체험을 권유하고 있다.

가정 체험에는 제약이 따른다. 인지 능력이 너무 낮거나, 건장한 남자 두 명이서 휠체어에 태워야 할 정도로 힘이 드는 경우는 아무래도 어렵다.

희망 직원도 장애인을 돌봐 줄 수 있는 가족이 있어야 한다. 자녀가 성장해서 부부만 살거나 자녀가 너무 어린 경우는 제외된다. 장애인과 직원의 코드가 서로 맞아야 하는 것은 기본이다.

듬직이가 처음으로 가정 체험을 한 곳이 진희엄마 집이었다.

진희엄마의 딸 혜원이는 중학생으로 듬직이를 예뻐하며 잘 보살펴 주었다. 이제는 1년이면 대여섯 차례 진희엄마 집에 가게 되었다.

듬직이가 진희엄마 집에 도착하면 제일 먼저 하는 일이 거실의 TV를 켜는 일이었다. 채널을 이리저리 돌려 좋아하는 만화영화를 선택해 놓고, 그제야 온 집안을 돌아다녔다.

TV는 거실에 켜 있건만 듬직이는 혜원이누나 방에 가면 나올 줄을 몰랐다. 이것저것 누나의 모든 것을 뒤져보았다. 그러다 누나가 학교에서 오면 진희엄마와 셋이 장 보러 마트에 갔다.

삼겹살과 소시지, 상추와 깻잎 등을 사서 푸짐하게 저녁을 차려 맛있게 먹은 후 듬직이와 혜원이는 계속해서 이야기를 나눴다. 말하기는 누나의, 듣기는 듬직이의 몫이었다.

듬직이는 훌륭한 경청자였다. 사뭇 진지하게 누나의 눈을 바라보며 이야기를 들었다.

둘은 잠시도 떨어져 있지 않았다. 누나의 팔을 베고 누우면 누나가 듬직이의 등을 쓰다듬어 주었다.

다음날은 셋이서 외출을 했다. 광양에 있는 쇼핑몰에 갈 때가 많았는데 누나가 유모차를 밀고 듬직이는 손으로 방향을 정했다.

'아~~~으' 등 외마디 소리를 길게, 짧게 질러댔다. 여느 사람들은 짐작도 하지 못할 말을 누나와 진희엄마는 다 알아들었다.

쇼핑몰을 돌아다니다가 아동복 코너에서 듬직이 옷을 샀다. 진희엄마가 옷을 골라주면 듬직이는 고개를 저었다. 그렇게 몇 번 도리질을 치다 누나가 옷을 골라주면 환호성을 지르며 좋아했다. 그런 듬직이를 혜원이누나는 친동생처럼 예뻐했다.

한참 후 다시 진희엄마 집으로 가정 체험을 가는 날. 그날따라 듬직이의 머리가 부스스했다.

"듬직이 머리가 길었네. 오늘은 엄마가 자주 가는 미용실 가서 머리 자를까? "

"여 여 예~~."

유모차에 듬직이를 태워 미용실에 들어갔다. 원장이 깜짝 놀란 표정으로 진희엄마와 듬직이를 번갈아 봤다.

"우리 듬직이 아시지요? 지난번에 TV에도 나왔는데. 오늘 저희집에 놀러와서 같이 머리 자르러 와봤어요."

"아 그때 그 아이로구나. 봤어요. 맞네, 그 아이. 예쁘기도 해라."

듬직이는 자신을 알아봐 주는 원장님이 마음에 들었는지 계속 싱글벙글이었다.

"웃는 모습이 정말 예쁘네. 근데 머리 자르려면 엄마가 안고 잘라야 되겠는 걸."

유모차에 앉은 듬직이의 얼굴이 갑자기 굳어졌다. 단호한 표정으로 머리를 가로저었다.

진희엄마가 나섰다.

"듬직이 혼자 앉아서 할 수 있다는 거지?"

그제야 듬직이 표정이 풀어지면서 미소가 번졌다.

듬직이를 안아 미용실 의자에 앉혔다. 평상시보다 더욱 힘을 주어가며 의자에 앉는 듬직이였다. 그리고 내내 꼿꼿하게 버텨냈다. 머리를 자르는 동안 진희엄마의 역할은 듬직이 손을 잡아주는 것으로 충분했다.

미용실 의자에 혼자 앉아 버티다니! 진희엄마는 속으로 놀랐다.

동백원에서 머리 손질할 때는 대부분 김겸 헤어포레나 동백회에서 정기적으로 자원봉사를 와서 진행을 했다. 많은 장애인들이 함께 하다 보니 시간에 쫓겨 따로 신경을 쓸 여유가 없었다.

20분 이상을 안간힘을 써가며 혼자 의자에 앉아서 버티는 듬직이의 모습이 진희엄마로선 그저 감탄스러울 뿐이었다. 미처 알아차리지 못하는 사이, 분명히 듬직이는 성장하고 있었다.

듬직이의 가정 체험은 진희엄마 집으로 가장 많이 갔다. 다른 엄마들도 시간이 맞으면 듬직이를 초대해 가정의 따뜻함을 함께하며 거들었다. 그렇게 듬직이는 또 다른 가정을 경험하며 사랑을 배우며 성장했다.

***

듬직이는 주말이면 나들이도 곧잘 했다.

동백원 가족들과 함께 아쿠아리움, 보성 공룡박물관, 순천만 공원 등 곳곳을 다녔다. 즐거운 시간을 보낼 뿐 아니라, 듬직이에게는 새로운 것을 보고 느끼며 더 넓은 세상과 접하는 또 다른 기회였다.

2018년 가을. 동요, 태영, 듬직이와 세 명의 엄마들이 기차 나들이를 했다.

여천역에서부터 기차를 타는 설렘보다 먹을 것에 더 많은 관심을 갖는 아이들이었다.

기차표 발권하는 순간을 못 기다리고 편의점에서 커피를 집어드는 동요. 낯선 아저씨의 손을 잡고 태연하게 기차역으로 들어가는 태영이. 유모차에 앉은 듬직이만 제자리에서 얌전히 기다리고 있었다. 다시 모여 매점에서 아이스크림과 과자를 하나씩 안고 기차를 탔다.

차창 밖의 풍경을 보며 즐거워하다 드디어 도착한 곡성역. 미니기차로 바꿔 타고 기차마을을 한 바퀴 돌면서 구경을 했다.

태영이는 미니기차에서 내려서도 미니기차 기관사의 손을 잡고 이리저리 아무 곳이나 이끌고 다녔다. 친절한 기관사는 태영이가 이끄는 대로 따라다니면서 웃음으로 대해주어 천만다행이었다.

맑은 가을 하늘과 함께한 기차여행이 아이들이나 엄마들에게 뿌듯한 하루였다.

2. 제주도 나들이

2019년 가을이 다가올 즈음, 영란엄마에게는 고민이 생겼다.

열 살이 되는 듬직이에게 뜻깊은 생일 선물을 하고 싶었다. 과연 뭐가 좋을까. 고민 끝에 가족 여행을 떠올렸다.

"듬직아! 여행 갈래? 제주도 갈까?"

듬직이는 함박웃음을 지으며 좋아했다.

"엄마하고 둘이서 갈까?"

듬직이의 표정이 미묘해졌다.

"듬직아, 왜 그래?"

듬직이가 태영이형을 손으로 가리켰다.

"혀~~영~~."

"태영이도 같이 가자고?"

단박에 듬직이의 얼굴이 환해졌다.

듬직이는 태영이형과 단짝이다. 거동이 자유로운 태영이형을 챙기는 쪽은 오히려 듬직이였다. 먹을 것을 나누고, 하고 싶은 것도 태영이형에게 양보하고, 태영이형이 위험한 행동을 할라치면 듬직이가 앞서서 말렸다.

엄마들은 한동안 듬직이의 태도를 이해할 수 없었다. 사랑받는 데에 익숙한 듬직이가 아니던가. 그러나 곧 알게 되었다. 사랑을 받아봤기에 사랑을 주는 방법도 자연스레 터득한 듬직이였다.

듬직이 생일 선물로 막상 제주도 여행을 결정하고 나니 준비할 것이 너무나 많았다.

동백원 근무 특성상 한 명의 엄마가 3일씩 비우게 되면 남은 엄마들이 힘들어지기 마련이었다. 먼저 엄마들에게 양해를 구했고 국장과 원장의 승낙도 얻었다. 모두들 흔쾌히 동의해줘서 순조롭게 진행할 수 있었다.

그 다음엔 여행 계획서를 짰다. 비행기 표, 숙소, 제주도 가볼 곳을 예약했다.

두 아이의 준비물을 챙기는 것도 여간 복잡한 일이 아니었다. 처음 가는 제주도 여행에 걸맞게 새 옷들을 샀다. 속옷, 양말, 듬직이와 태영이의 침을 닦을 손수건, 기저귀 등 아이들 준비물만으로 커다란 캐리어가 꽉 찼다. 영란엄마의 짐은 들어갈 공간이 없었다.

준비할 것도 많고, 과정도 만만치 않았다. 그래도 영란엄마는 행복했다. 누가 억지로 시킨 일도, 부담이나 책임감으로 내린 결정도 아니었다. 마음이 원한 바였다.

엄마들의 환송 속에 출발했다. 몇몇은 슬그머니 용돈을 쥐어주기도 했다. 듬직이도 환한 웃음과 함께 손을 흔들었다. 태영이는 그냥 머리를 앞뒤로 흔드는 행동만 했다.

공항에 도착해서 먼저 유모차를 꺼내 듬직이를 태웠다. 배낭을 어깨에 멘 다음 캐리어를 꺼내 들고 태영이 손을 끌어 유모차를 잡게 했다. 그대로 전진이다.

드디어 제주도 도착.

짐을 찾고 예약해둔 렌트카에 올랐다. 트렁크에 유모차와 캐리어를 싣고 뒷자리에 듬직이와 태영이를 태워 안전벨트를 채웠다. 운전석에 앉아 백미러로 아이들을 확인하고 나서야 제주도에 도착했다는 것을 실감할 수 있었다.

시간을 보니 서커스 예약한 시간이 빠듯했다.

"자, 그럼 즐거운 제주도 여행 고고!"

첫 행선지는 제주 서커스월드였다.

듬직이는 자기보다 어린아이들이 고난도 묘기를 펼치는 모습이 신기한지 한시도 눈을 떼지 못했다. 태영이는 묘기보다는 웅장하고 화려한 음악에 더 관심을 보였다.

비록 관심사는 달랐지만 둘은 숨죽여 서커스를 관람했다. 둘의 모습을 보며 영란엄마는 제주도에 오길 참 잘했다는 생각이 들었다.

공연 후에는 제주의 푸른 바다와 바람을 느끼며 느긋하게 드라이브를 했다. 아이들은 자신들만의 언어로 소리를 지르기도 하고 머리를 흔들거나 창밖을 내다보면서 열심히 제주도를 즐겼다. 경치 좋은 곳을 지날 때면 아이들의 사진을 찍기 위해 차를 세웠다.

유모차를 내려 듬직이를 앉히고 태영이 손을 잡아 배경이 좋은 곳을 골랐다. 두 아이의 위치를 정해주었다. 사진을 찍기 위해 몇 걸음 뒤로 오면 듬직이는 그대로 포즈를 취하고 있었지만 태영이는 머리를 흔들거나 구도에서 벗어나기 일쑤였다.

"태영아, 태영아!"

소리를 지르거나 다시 가서 아예 듬직이에게 손을 잡게 했다. 돌아와 사진을 찍으려면 또다시 태영이의 구도가 틀어져 있었다.

그래도 포기할 수 없었다. 이 사랑스럽고 예쁜 순간을 어떻게 놓칠 수가 있겠는가. 영란엄마는 계속해서 사진을 찍었다.

저녁을 먹기 위해 식당으로 향했다. 숙소에서 가까운 곳이었다.

협재의 대문집. 주차장에서 내려 듬직이를 챙기고 있는데 밖을 내다보던 주인이 듬직이를 냉큼 안아 안으로 들어갔다. 묵묵한 배려에 가슴 뭉클한 영란엄마는 태영이의 손을 잡고 뒤따랐다.

여행 첫 메뉴로 정한 성게 미역국과 전복죽이 아이들의 입에 잘 맞은 듯했다. 둘이 서로 빨리 먹겠다고 보채는 통에 영란엄마는 어미새처럼 분주했다. 아이들이 배부르게 먹고 나서야 겨우 한 수저를 뜰 수 있었다.

제주도 여행 계획을 세울 때 힘든 것 중 하나는 경비 문제였다. 경비를 조금이라도 아끼고 싶어 2박 3일 중 1박은 우체국 연수원, 다음 날은 좋은 호텔로 예약을 했다.

첫날 숙소인 우체국 연수원에 들어갔다.

안내 데스크에서 방 열쇠를 받자 난감해졌다. 방은 3층인데 엘리베이터가 없었다.

유모차형 휠체어에 앉은 듬직이, 보행은 가능하지만 인지 능력이 낮은 태영이, 커다란 캐리어까지……. 영란엄마는 한숨부터 나왔다.

유모차를 보관시키고 카운터 직원에게 태영이와 가방을 잠깐 봐달라고 부탁했다.

먼저 듬직이를 안고 3층 계단을 올라갔다. 듬직이가 아무리 좋아졌다고 해도 제 힘으로 안길 수는 없다. 그냥 몸을 내맡기고 있을 뿐이었다. 영란엄마는 온 몸에 힘을 주어 전력을 다해 안아야 했다.

간신히 3층 방에 도착했다. 평상시에는 잘 느끼지 못했는데 듬직이가 많이 자라 제법 무거워졌다. 헉헉거리며 한숨을 몰아쉬고 있는 영란엄마를 보며 듬직이는 이 상황이 즐거운지 해죽해죽 웃고 있었다.

얄미운 녀석! 얄미운 녀석이지만 미워할 수가 없다.

다시 1층에 가서 캐리어를 들고 태영이와 함께 올라왔다. 그새 듬직이는 리모컨을 찾아내 TV 채널을 이리저리 돌리고 있었다.

한숨을 돌리며 신발을 벗으려던 순간, 털썩 주저앉았다. 물과 간식 등 사야 할 물품 몇 가지가 생각났기 때문이었다. 아이들에게 얌전히 있어 달라는 당부를 하고 다시 1층으로 내려갔다. 물건들을 사서 방에 돌아온 영란엄마는 그대로 누워버렸다.

이런 걸 파김치가 되었다고 하는가. 아이들을 위해서는 자신의 체력도 열심히 돌봐야 한다는 것을 절실하게 느꼈다.

다시 힘을 차린 영란엄마는 잠을 잘 준비를 했다.

듬직이와 태영이의 샤워를 마치고 새 옷으로 갈아입혀 침대에 눕혔다. 비로소 하루가 끝이 났다.

아이들은 피곤했는지 침대에 눕자마자 잠이 들었다.

'어쩜 저리 예쁘고 사랑스러울까?'

영란엄마는 침대에 나란히 누워 잠든 아이들의 모습에서 눈을 떼지 못했다.

동백원에서도 충분히 예쁘고 사랑스러운 아이들이었지만 장소가 바뀌니 새삼스러웠다. 기회가 생길 때마다 아이들과 여행을 다녀야겠다고, 영란엄마는 다짐을 했다.

***

상쾌하고 싱그러운 아침이 시작되었다.

아침 식사는 어제 들렀던 친절하고 음식도 맛있었던 대문집으로 정했다. 아이들 역시 대찬성. 다시 찾은 우리를 기억하고 주인아주머니가 한층 친절하게 맞아주었다. 어제처럼 성게 미역국과 전복죽으로 배를 든든하게 채운 뒤 힘차게 제주 관광에 나섰다.

먼저 간 곳은 동물원이었다.

그러나 동물원은 아득한 계단 위에 있었다. 인터넷으로는 현지 상황을 알 수 없었기에 당황스러웠다. 계단을 오르내려야 하는 동물원은 관람 자체가 불가능했다. 앵무새와 미어캣을 보지 못한다는 말에 듬직이는 실망한 기색이 역력했다.

아직도 장애인 이동권이 보장되지 않는 공원이 있다는 자체가 이해가 되지 않았다. 우리나라는 언제쯤 장애인들의 이동권이 보장되는 나라가 될지, 한숨이 절로 나왔다.

마침 카트장이 보였다.

"듬직아, 대신에 카트를 타자."

듬직이의 얼굴이 다시 환하게 밝아졌다.

카트 타는 곳에 도착하자, 앞서 온 다른 팀들이 카트를 씽씽 타고 있었다.

차에서 내린 두 아이의 태도가 달랐다. 듬직이는 카트를 탈 기대에 눈을 반짝였다. 태영이는 시끄러운 소리를 내는 카트가 못마땅한지 자꾸만 카트장에서 멀어지려고 했다.

듬직이의 유모차를 카트장을 향해 안전하게 고정해놓고 나서 태영이의 손을 잡고 매표소로 갔다. 표를 구입하려 하니 장애아동은 탈 수 없다고 했다.

"듬직아, 안 된대."

빠르게, 듬직이의 얼굴이 일그러졌다. 동물원을 보지 못한 실망감에다 카트를 탄다는 기대마저 무너졌다. 듬직이는 끝내 눈물을 흘리며 아우성을 쳤다.

"아~~아~~앙~~~ 대."

그렇게 카트를 타고 싶어 우는 듬직이, 카트의 시끄러운 소리가 싫어 몸으로 버티는 태영이. 영란엄마는 두 아이를 양손에 나눠 잡은 채 어쩔 줄 몰라 했다.

그 모습을 본 누군가가 다가왔다. 카트장의 아르바이트생이었다. 자초지종을 설명하자 아르바이트생은 말했다.

"탈 수 있을 것도 같은데요. 돈을 줘보세요."

매표소에 다녀오더니 티켓을 내밀었다.

"제가 책임진다고 사정했어요."

"고맙습니다."

태영이를 아르바이트생에게 부탁한 영란엄마가 운전석에 앉았고, 아르바이트생은 듬직이의 안전벨트를 꼼꼼하게 채워줬다.

듬직이는 마냥 즐거운지 소리를 지르며 카트의 속도를 만끽했다.

영란엄마는 잔뜩 긴장한 채 카트의 손잡이를 움켜쥐고 운전을 했다. 이따금 간신히 용기를 내 태영이를 향해 손을 흔들었다. 태영이는 아르바이트생의 손을 잡고 연신 고개를 앞뒤로 흔들어대고 있었다.

다음은 돌고래 쇼였다. 이곳도 유모차가 올라갈 수 있는 경사로가 없었다. 다행히 직원들의 도움으로 어렵사리 들어갈 수 있었다.

듬직이도 태영이도 돌고래 쇼를 몹시 마음에 들어 했다. 숨죽이면서 지켜보다 돌고래가 튀어 오르거나 물장구를 칠 때면 장단을 맞춰가면서 소리를 지르고 몸을 움직이며 즐거워했다.

다시 제주도의 아름다운 풍광을 따라 드라이브를 했다.

쉬엄쉬엄 사진도 찍고 아이들이 좋아하는 간식도 먹으면서 따뜻한 오후를 보냈다.

이른 저녁을 먹고 제주에서의 두 번째의 밤을 위해 호텔로 향했다.

함덕 해변에 있는 호텔은 모든 것이 만족스러웠다. 엘리베이터가 있고 화려하고 고급스러운 침구, 각종 서비스가 제공되는 호텔이었다. 그날 저녁은 셋이 고급 호텔에서 마음껏 호사를 누렸다.

다음 날 아침 식사는 방에서 가볍게 해결하고 함덕해수욕장으로 나갔다. 바다 색깔이 너무나 아름다운 해수욕장이었다.

바다와 바람 속에서 마음껏 산책을 즐겼다.

셋은 따뜻한 모래사장에 손을 잡고 누웠다.

"엄마는 행복해. 너희들은 기분이 어때?"

영란엄마의 물음에 듬직이가 환하게 웃었다. 태영이는 영란엄마와
눈을 마주치며 고개를 흔드는 것으로 대답을 대신했다.

아이들의 따뜻한 손과 모래의 부드러운 감촉이 영란엄마를 휘감았
다. 파아란 하늘을 응시하던 영란엄마는 작년 이맘때를 떠올렸다.

1년 전 가을은 잔인하기만 한 날들이었다.

유방암 진단을 받았다. 진단을 받던 날, 숨조차 쉴 수가 없었다.

절망과 공포, 한없이 이어졌던 의문들.

'왜? 하필이면 왜 내가? 착하게 살려고 노력했고, 그리 살아왔다고
자부하는 나에게 왜 이런 일이?'

분노와 절망과 두려움 속에서 수술을 했다. 곧 항암치료가 이어졌
다. 끔찍한 고통이었다. 근육과 관절이 찢기고 부서지는 듯한 통증이
었다. 구토와 두통, 불면증과 무기력증……. 머리카락은 매일 뭉텅
뭉텅 빠졌다.

육신과 정신, 삶 전체가 고통 속에서 조각조각 부서지는 듯 잔인한
나날이 이어졌다.

아침 햇살에 산산이 흩어져가는 물안개처럼 사라지는 삶의 조각들.
그저 바라봐야 하는 모습이 더는 견딜 수 없어 그만 삶의 전부를 내려

놓고 싶은 마음이 들기도 했다.

불쑥, 동백원 식구들이 떠올랐다.

특히, 고통이 밀려올 때마다 듬직이 생각을 많이 했다.

'너는 매일매일 이렇게 아팠구나. 이러한 고통을 매일매일 견디고 있었구나.'

영란엄마는 이를 악물었다. 고통을 호소하는 것도, 절망하는 것조차도 섣부른 감정의 낭비처럼 여겨졌다.

그때 영란엄마는 수없이 다짐했다.

몸이 나아서 동백원에 다시 갈 수 있다면, 다시 아이들을 만나게 된다면 정말 마음껏 사랑하리라.

그렇게 힘든 1년을 견뎌냈다.

그리고 아이들과 함께 제주도에 올 수 있었다.

행복했다.

살아있음에 행복했고, 좋은 사람들을 만나 함께 있어 행복했다.

영란엄마는 잡고 있는 듬직이와 태영이의 손에 힘을 더했다.

파란 가을 하늘을 바라보는 영란엄마의 눈에 이슬이 맺혔다.

눈물, 한없이 가슴 설레는 따뜻한 눈물이었다. 아이들이 지친 엄마에게 나눠 준 사랑의 선물이었다.

제주도 여행을 마무리할 시간.

중증 장애아동 두 명을 데리고 힘들게 다닐 때 힐끗거리며 수군거리던 사람들, 따뜻하게 맞아주고 도움을 주던 사람들, 모두가 뇌리를 스쳐 지나갔다. 그리고 그게 누구든, 참 고마운 마음이 들었다.

두 아이들과 마음껏 바라보고 느끼며 함께한 제주를 뒤로하고 비행기가 이륙을 시작했다.

듬직이와 태영이가 함께한 2박 3일 제주도 여행.

영란엄마는 지금도 눈을 감으면 그때의 광경이 또렷이 떠오른다.

바다, 바람, 그리고 사랑이 어우러진 나들이였다.

사진을 많이도 찍었다.

그러나 정말 아름다운 모습은, 정말 찍고 싶은 순간은 사진으로 찍지 못했다.

카메라에 찍힌 사진은 폴더를 열어보거나 인화된 사진을 찾아봐야 한다.

하지만 마음으로 찍은 사진은,

가슴으로 찍은 사진은,

사랑으로 찍은 사진은 눈만 감으면 보인다.

퇴색하지도, 희미해지지도 않을 가슴에 아로새긴 사랑의 순간들이므로.

3. 11살의 어린이날, 듬직이

동백원에 들어온 초기에 비해 듬직이는 정말 많이 달라졌다.

듬직이를 매일, 매주, 매달 볼 때는 변화가 안 보였다. 아니 볼 수가 없었다.

듬직이를 매일 만나는 엄마들이나 치료사들은 그 점이 답답하고 힘들었다. 치료사들과 엄마들의 치료 회의 때 생각을 바꿀 필요를 느꼈다.

매 순간 치료를 성실하게 하되 조급해하지 말자, 치료의 성과는 1년 단위로 논하고 평가하자고 생각을 바꾸기로 했다. 긴 호흡으로 듬직이를 대하니까 엄마들이나 치료사들의 마음이 한결 편해졌다.

물리 치료의 목표는 듬직이가 혼자 앉는 것으로 잡았다.

처음에는 정상 발달에 가장 기본이 되는 머리 가누기였다.

듬직이가 누워서 머리를 들려했지만 머리를 드는 동시에 호흡은 멈췄고 양팔은 어깨 위로 올라갔다. 승모근은 굳어버렸고, 턱 주변 근육들은 강직을 일으켰고, 동시에 듬직이는 "으~~으" 소리를 내며 힘들어했다.

필요 이상 힘을 주는 근육의 사용을 최대한 억제하면서 머리를 가누는 근육을 강화하려는 노력을 많이 했다. 1년 이상의 노력으로 점차 필요한 근육들이 발달했다.

앉는 훈련도 시작했다. 물론 듬직이 혼자서 의자에 앉을 수는 없었다. 누군가가 앉혀줘야 했다.

범보의자에 앉아서 자세를 유지하는 것으로 시작했다. 조금씩 익숙해질 때 팔걸이와 등받침이 있는 의자에 앉혔다. 또 익숙해지면 등받침만 있는 의자로 점차적으로 바꿔나갔다.

3년째 접어들자 보조 없는 의자에 앉았다. 바닥에서도 짧지만 앉은 자세를 유지할 수 있게 되었다.

작업 치료는 듬직이가 의자에서 중심을 잡을 때부터 손동작에 집중했다.

기대지 않고 앉은 상태에서 보조 도구를 사용해, 왼손으로 스스로 밥을 먹을 수 있거나 왼손을 사용하여 컴퓨터나 핸드폰을 조작하는 등의 다양한 활동을 하는 것으로 목표를 잡았다.

지금은 어느 정도 목표에 근접했다. 계속해서 근력 강화와 감각 훈련을 하면 듬직이는 더 나은 생활을 할 수 있을 것이다.

언어적인 면에서 보면, 처음에는 '예' 같은 짧은 대답조차 하지 못했다. 뇌병변 장애 특성상 호흡량이 적기 때문이었다. 따라서 호흡 훈련을 집중적으로 했다.

지속적인 치료 덕분에 '아' 소리를 꽤 길게 낼 수 있었다. 가끔씩 간단한 단어도 말해 주위를 감격하게 했다.

듬직이는 문장 단위로 말하는 것이 불가능했다. 그 사실을 인정하는 자체부터 결코 쉽지 않았다.

한계를 인정하는 일은 새로운 일에 도전하는 것만큼이나 큰 용기가 필요하다.

동백원 가족들은 듬직이와 함께 걷고 이야기를 나누는 미래를 그리며 긴 시간을 버텨왔다. '듬직이는 그럴 수 없다'는 현실적인 한계를 감히 인정하고 싶지 않았다. 무엇보다 이러한 단정이 듬직이의 성장을 막는 건 아닌가 하는 걱정이 컸다.

장애인이 스키를 타고 싶다고 가정하자.

우선 폴을 잡고 서서 균형을 잡는 훈련부터 받아야 한다고 생각한다. 그러한 단계를 밟지 못하면 장애인은 결코 스키를 탈 수 없다고 판단한다.

그러나 스키의 본질은 무엇인가? 스키 위에 올라서는 행위가 아니라 눈이 덮인 비탈진 경사면을 미끄러져 내려오는 데 있다.

장애인이 비장애인처럼 스키를 타야만 한다는 선입견을 버리는 순간, 스키를 타고 싶다는 장애인의 바람을 충족시켜줄 수 있는 다양한 길이 열린다.

장애인에게 장애는 신체적 한계일까?

혹은 장애인 역시 비장애인처럼 말하고 행동해야 한다는 비장애인들의 생각 자체가 장애는 아닐까?

동백원은 그간 듬직이의 장애를 어떠한 시각으로 바라봤던가?

듬직이가 장애를 '이겨내어', 말하고 서기를 기대하고 있었던 게 아닐까?

그리고 그 꿈을 잃지 않게 곁에서 응원해주는 것이 동백원의 역할이라고 믿었던 것 아닐까?

그럴 수 없을 거라는 전문가들의 진단을 속단 정도로 치부해 버린 채, 동백원은 도대체 무슨 믿음을 가졌던 걸까?

각 분야 전문가들의 냉철한 이야기를 들었다. 그리고 듬직이가 장애와 더불어 살아가는 훈련을 받아야 한다는 쪽으로 의견을 모았다. 무모한 최선의 꿈을 냉정히 내려놓을 때였다.

서글픈 인정이었고, 안타까운 결단이었다.

동백원이 곧 듬직이의 엄마였다. 엄마였기에 헛된 꿈을 포기하며 느끼는 상실감 역시 결국 동백원이 감당해야 할 몫이었다.

* * *

오늘은 5월 5일 어린이날.

동백원에서 제일 어린 일명 '꼬맹이'들로 통하는 태영이형과 수린이, 듬직이의 날이기도 했다.

영란엄마와 동백원 선생님들은 어린이날을 맞이한 세 아이들을 데리고 외출준비를 했다. 오늘만큼은 세상 그 어느 아이들보다 행복하게 해주고 싶었다.

며칠 전부터 선생님들과 머리를 맞대고 회의에 회의를 거듭했다. 아이들이 원하는 것은 무엇인지 사전 조사도 이미 마쳤다. 선물도 준비해 놓았다.

아이들도 어린이날임을 아는지 차에 타자마자 신이 났다.

태영이는 고개를 앞뒤로 흔드는 상동행동을 했고, 듬직이도 소리를 질렀고, 평소에 얌전공주인 수린이마저 엉덩이를 들썩거렸다. 그렇게 아이들은 나름의 방식으로 맘껏 즐거움을 표현했다.

첫 일정은 '금강산도 식후경'으로 맛있는 점심 식사였다.

아이들이 좋아하는 돌산에 있는 '돈가스 이야기'로 예약을 했다. 적당한 자리에 아이들을 앉히고 듬직이는 식당에 비치되어 있는 유아용 의자에 앉혔다.

듬직이는 메뉴판을 손으로 가리키며 직접 메뉴를 고르겠단다. 메뉴판을 보여주니 이것저것 다 집으면서 모든 메뉴를 다 주문하라고 했다.

영란엄마는 듬직이와 타협해 돈가스와 파스타로 결정했다. 다른 아이들은 하이라이스, 거기에 피자까지 한 판 주문하였다.

너무 많다 싶었지만 1년에 한 번뿐인 어린이날이 아니던가.

영란엄마는 매년 어린이날이면 듬직이에게 꿈을 물어보곤 했다.

듬직이 또래 아이들의 꿈은 대부분 대통령, 소방관, 변호사, 선생님, 과학자, 연예인 등이었다. 하지만 듬직이는 달랐다. 일곱 살부터 열 살인 지금까지, 듬직이의 꿈은 늘 하나였다.

걷는 것.

일곱 살 어린이날, 당시만 해도 의사소통이 어려웠지만 영란엄마는 처음으로 꿈에 대해 물었다.

"듬직이 꿈은 뭐야? 대통령?"

듬직이가 고개를 흔들었다.

"그럼 연예인?"

재차 고개를 흔들었다. 그렇게 몇 차례 더 질문이 이어졌다.

듬직이가 자신의 다리를 손가락으로 가리켰다.

"혹시, 듬직이 꿈은 걷는 거야?"

영란엄마의 물음에 듬직이는 바로 고개를 끄덕였다.

또래의 아이들에게 꿈은 그저 꿈일 따름이었다. 그러나 듬직이의 꿈에는 절실함이 담겨 있었다. 가슴 시린 현실이 빚어낸 간절한 꿈이었다.

올해의 꿈도 같을 것으로 생각하며 영란엄마는 물었다.

"듬직이의 꿈은 걷는 거지?"

듬직이가 잠시 고민하는듯하더니 고개를 살짝 흔들었다.

"어. 듬직이 꿈이 바뀌었어? "

듬직이가 배시시 웃었다.

"대통령?"

영란엄마의 물음에 듬직이가 웃으며 고개를 저었다.

얼마 전 듬직이 학교에 소방관들이 방문해 직업 체험 활동을 하였다. 그 영향을 받았을까 하는 생각에 물었다.

"혹시 그럼 소방관?"

"네."

듬직이가 고개를 끄덕이며 작은 목소리로 대답했다.

"지금까지 듬직이의 꿈은 걷고 싶다는 것이었는데, 이제는 소방관으로 바뀌었네."

말해놓고 영란엄마는 듬직이의 눈을 빤히 바라봤다. 눈동자가 잠시 갈등하는 듯 흔들렸다. 아니나 다를까, 이내 고개를 강하게 저으며 손으로 다리를 가리켰다.

꿈을 번복하는, 번복할 수밖에 없는 듬직이. 그 마음이 어떠한지,

영란엄마는 능히 알 만했다.

뭐든 다 이루고 싶은 욕심이 많은 시기였다. 그러나 듬직이는 자신이 처한 현실을, 그것을 넘어서야 한다는 간절함을 먼저 생각했다.

듬직이는 알고 있었다. 걷는 꿈이 이루어져야, 그 다음의 꿈으로 나아갈 수 있었다는 사실을.

그런 듬직이가 영란엄마는 안쓰럽지 않았다. 오히려 대견했다. 함부로 흔들리지 않은 채 목표를 향해 나아갈 의지와 용기를 갖고 있었다. 역시 이름대로 듬직이는 듬직했다.

"앞으로도 재활 치료 열심히 하면 듬직이의 꿈은 이루어질 거야. 꼭! 엄마가 듬직이 옆에서 도와줄게. 걱정마. 엄마는 자신 있어. 듬직이만 열심히 하면 꼭 걸을 수 있을 거야."

그렇게 듬직이를 응원했다.

그리고 영란엄마 스스로를 응원했다.

에.필.로.그.

2010년 10월 18일.

뇌병변 장애를 가지고 태어난 작은 아이.

그 아이는 이제 외롭지 않다.

듬직이와 함께 먹고 자는 식구들이 있다.

원하는 재활 치료를 받을 수 있도록 돕는 치료사와 엄마들이 있다.

열심히 지지해주는 많은 후원자들도 있다.

팔과 다리조차 펴지 못해 웅크린 채 지내야 했던 아이.

목을 가누지도 못해 번번이 고개가 꺾이던 아이.

강직이 심해 서 있는 것은 상상조차 할 수 없던 아이.

복근이 약해 울음소리도 제대로 내지 못했던 아이.

그 아이가 이제 보조기구에 선 채 1시간 이상 자세를 유지할 수 있다.

단답형 대답도 할 수 있고, 핸드폰으로 세상과 소통도 한다.

아이는 노력했고, 꿈을 향해 나아갔다.

그리고 아이는 여전히 꿈을 꾼다.

걸을 수 있는 꿈.

그래서 듬직이의 꿈은 진행형이다.

듬직이 홀로 꿈꾸지 않는다.

그 꿈을 이룰 수 있도록 오늘도 동행하는 이들이 있다.

아주 많다.

외롭지 않은, 더불어 함께 동행하는 꿈이다.

그래서 듬직이의 오늘은 눈이 부시도록 아름답다.

10살 듬직이
살아온 기적 살아갈 희망

2020년 10월 18일 초판 1쇄 발행
2020년 10월 29일 초판 2쇄 발행

지은이 · 오승희 김홍용
펴낸이 · 김홍용
편집 · 김도요
펴낸곳 · 사회복지법인 동행
주소 · 여수시 소라면 화양로 1953
전화 · 061-683-0678
팩스 · 061-685-3751
이메일 · ibugsu@naver.com
인스타· @together_1963
출판등록 · 2020년 6월 10일 (제 2020-3호)

ⓒ오승희 김홍용 2020
ISBN 979-11-971051-0-4